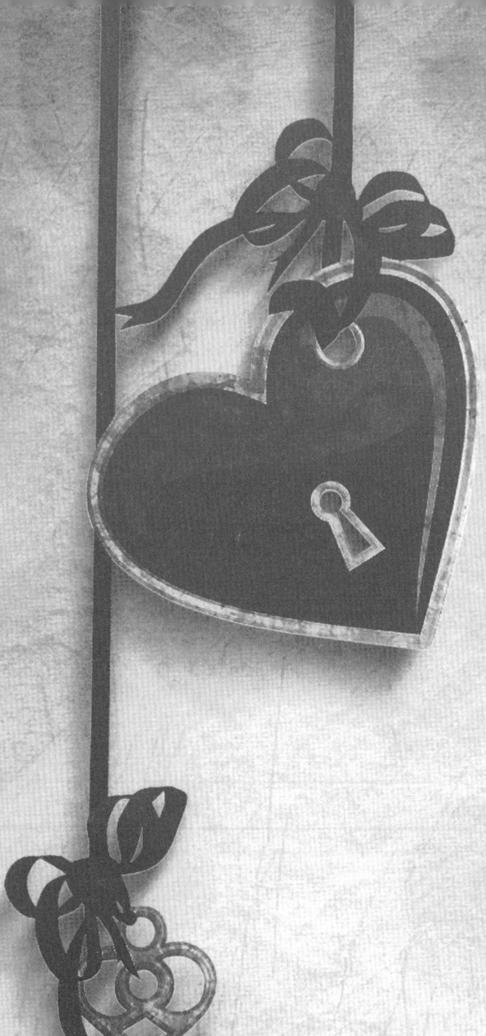

愛對了

用正念滋養的親密關係，最長久

FIDELITY:
How to Create a Loving Relationship That Lasts

一行禪師 Thich Nhat Hanh 著
雷叔雲 譯

如雲，如細水草之輕
卻也可填滿或吸盡愛的大海呢

——阮攸《金雲翹演音》＊

＊越南後黎朝末期至阮朝初期的詩人及作家阮攸（一七六五年～一八二〇年），其所作《金雲翹演音》是一部十二卷、三千兩百五十四行的長篇敘事詩，以中國明末清初青心才人原著小說《金雲翹》二十回為藍本，用越南民族文字喃字寫成，在越南家喻戶曉，人人能誦。

目錄

【譯者序】

愛的完成

雷叔雲

那是一次室外禪修，在舊金山北邊的靈岩禪修中心（Spirit Rock Meditation Center），碧空如洗，典型的加州藍。知名的美籍佛法老師傑克·康菲爾德（Jack Kornfield）在遮陽蓬下介紹一天行將展開的活動。學佛未久的我，目光突然被一幅景象震懾住了：蓬子後方三位漸行漸近的比丘，平和、安穩、專注的步伐，帶來前所未有的清涼，走在中間的那位就是一行禪師。

後來習禪，才知那是正念行禪。「目不暫捨」成爲我初次接觸正念的美好記憶。

一行禪師歷來與我們談生氣，談死亡，談行禪，談地球生態，談相依相存，談各宗教間相通的情懷，從沒有離開過正念。這本小書談的是現代人最困惑的感情問題。禪師以《法句經・愛欲品》爲本，將五戒中的不邪淫戒化爲現代的兩性倫理，以正念貫穿，古今輝映。

男女兩情相悅，其中有本能的生物性行爲，也有社會的道德意涵以及人類心理的複雜度，因此愛情從來不是個簡單的課題。心理學家佛洛姆（Erich Fromm）認爲愛不僅是強烈的感情，而是「一項決心、判斷和承諾」，愛也是藝術，需要「知識與努力」，愛又是「給予」而不是接受❶。

先不論經論中的「愛」多指貪愛和執著，就以一行禪師定義的「眞愛」來說，「愛」無疑是修行。

愛上物質或金錢，只是在無情物上附加個人的價值取向；而愛上一個有情感、有反饋的人，便不免產生滾雪球效應，滾向何方？誰也說不準。

咀嚼日常語言中，「愛」這個字已不知不覺化爲「我需要你」「我不能沒有你」「有你，我就是世界上最幸福的人」「生命因爲你而有了意義」的同義詞，種種安全感的尋覓、生命價值的投射、孤獨空虛的塡補、臨水照花的自我形象，都悄悄滲透了進來。佛洛姆就指出：「各式各樣的假愛，正是

各式各樣的愛之瓦解。」❷

而且，在今天的社會氛圍，討論忠誠有些過時，一己的快樂才叫時尚，因此禪師爲「愛」排毒，讓「愛」恢復純淨無染的體質。他並不否定人類的感官欲望，但必須以正念、專注力和智慧三個關鍵來引導和轉化，才會有深刻而健康的感情關係可言。

透過這樣的把關，我們會發現，眞愛中有四個不可或缺的元素，即慈、

譯註：

❶見其著作《愛的藝術》（*The Art of Loving*）。

❷亦見《愛的藝術》。

悲、喜、捨，這四者突破了關係的親疏和地理的遠近，是超越凡俗心智侷限的崇高境界，稱爲四無量心。

柏拉圖、亞里斯多德、聖托馬斯·阿奎那都提過，美德是一個整體，一個人必須擁有多項美德。譬如說只有勇氣而沒有智慧，不過是暴虎憑河之勇。

繼一行禪師提出眞愛即四無量心之後，向智尊者（Nyanaponika Thera）所說的四無量心必須交相滲透充滿，很可以進一步加深我們的認識：

「慈」賦予「捨」（平等心）熱情，強化了敏銳的洞察力與智慧的約束力。

「悲」不讓「慈」和「喜」將自己侷限一隅，以封閉的心態來面對廣闊的世界，也防止因小小的快樂而志得意滿。

「喜」阻止「悲」因世間的苦難而心理崩潰。「喜」撫平悲憫心所造成的痛苦煎熬，使「悲」不會成爲無意義的擔憂與無益的多愁善感。

「捨」使「慈」成爲平穩、不變的堅定與忠誠，又以無懼來滋養「悲」，使「悲」能夠面對一再遭遇的苦難、沮喪的恐怖深淵。

這樣「將孤立的美德，連結成爲結構中和諧的整體，並於其中展現出最好的一面，而不會落入個別弱點的陷阱。」❸四無量心漸次發展，直到慈悲

❸見其著作《法見》（*The Vision of Dhamma*）。

與智慧渾然一體，才是愛的完成。

本書盡量以「不隔」的日用語言來翻譯，無論讀者是否熟悉佛法，都可領受到佛法亙古彌新的生命力，因此不少譯註是將正文裡的日用語言還原成佛法名相，有時不免以深註淺，尚祈讀者了解。亦盼我們在愛情中，甚至在親情和友情中，「用情」的意願和能力日日增上，毋須憑藉任何人或任何物質來肯定自己是完整的，因爲我們本身就已經完整。這樣不假外求，誠如一行禪師向我們肯定的：「你的存在會變得非常重要，因爲你的存在就是愛的存在。」

1

眞　愛

越南順化西天寺（Western Heaven Temple）禪室中，掛著一對楹聯，上刻：

無俗世行止，有出世風骨

佛心有大愛

這聯文是說，佛陀是一個充滿愛的人，佛陀所教導的這種愛，是一種非常廣闊而無限包容的愛。由於佛陀廣大的愛，他可以擁抱得了全世界。

當悉達多王子成爲覺者佛陀，仍在做一個付出和接受愛的人。佛陀的內心，正如我們所有人，都有感官愛欲的種子。他在二十九歲出家，三十五歲成道。三十五歲仍非常年輕，多數人在這種年紀仍有許多愛欲，佛陀有足夠的愛，也有足夠的心理責任和覺醒來處理他的愛欲，我們亦若是。

這並不是說我們不會感到愛欲，我們仍然會，只是不致被那種感受所駕馭，甚而可以用更廣闊的愛來行動。愛多少是扎根於感官欲望的，但我們心中的愛欲都能夠轉化爲愛。正念修行並不會把欲望一掃而盡，要是這樣，我們就不算是人類了。修行是爲了能夠處理愛欲，笑看愛欲，於是從愛欲中解脫出來。

所有人類心中都有愛欲的種子。有時愛欲會回過頭來找我們，我們可以運用正念和智慧來笑看愛欲，才不會被愛欲弄得招架乏力，或深陷其中。

只要我們能愛，卻不把自己和他人侷限在愛網中，愛就可以帶來幸福和安詳。我們會知道怎樣才叫做「愛對了」，因爲只要愛對了，就不會造成更多痛苦。

佛陀曾有這方面的開示，稱爲《愛欲品》❶，經中「愛」一字多少有負面的意涵。陷入感官的愛欲，就像魚入網罟，無處脫逃。本經中，網罟是用來形容人陷入愛欲的糾葛而失去自由。

《愛欲品》用兩個字來形容愛。第一個字不只指兩人之間的愛情，也是對所有人類的愛，這個字不是指執著，而是指眞愛。第二個字是貪愛或欲望。要是這兩個字分別出現，便非常容易翻譯：一邊是愛，另一邊是欲望，但若把這兩個字放在一起，就是形容一種包含欲望的愛。

雖然佛陀原是對出家人開示的，其實與每一個人都有關係。人們常問：做一位禁欲的比丘或比丘尼是不是很難？其實出家人修行正念在許多方面要比在家人容易。完全沒有性行爲要比經營一份健康的性關係容易。出家人都處於修行和大自然的環境當中，我們不看電視，不讀愛情小說，不看電影或雜誌裡會讓我們生起愛欲的形象；相形之下，在家人一天到晚暴露在充滿性

❶全部經文請見正文之後。

貪愛的形象和音樂之中。在這麼多外界的刺激之下，還要保有一份相互理解又相愛的健康性關係，不可不持續修行。

我們被愛所推動，愛是最大的喜悅，但若把愛和貪愛、執著攪在一起，也是最大的痛苦。我們只要認識了痛苦的根源，學著更深刻了解自己和摯愛的人，就可享受從眞愛而來的放鬆、喜悅、安詳。

2

親密關係

猶如猿猴從一棵樹躍上另一棵樹，眾人也從一所感官囚牢躍入另一所感官囚牢。

（原文爲：「猿猴得離樹，得脫復趣樹，眾人亦如是，出獄復入獄。」）

——《愛欲品》第九偈

我們也許會從那隻猴子的形象中看到自己，如果伴侶不稱我們的意，我們就換個伴侶，要是新伴侶又不免做了我們不喜歡的事，我們就再換下一個。

2 親密關係

我們都想要愛和理解，卻常常把愛和欲望混在一起。愛和欲望不一樣，如果把兩者混淆了，我們便須深刻檢視，努力把它們分別開來！親密關係有三種：身體的、情緒的和心靈的。身體的親密總是伴隨著情緒的親密，當我們有性關係時，即使不願承認情緒上的親密，其實總是感到親密的。當我們擁有心靈的親密時，身體和情緒的親密自然會健康、富療癒性，而且令人愉悅。

情緒的親密關係

我們每個人都在尋求情緒的親密關係，希望處於和諧當中，也希望有眞正的溝通和相互的理解。雖然身體上的欲望並不是愛，但我們不可能光有身體上的親密關係，卻沒有情緒的親密關係，因爲身心並不是兩個分開的實體，身體現象會影響心，反之亦然，心不能沒有身體來支持，身體也要靠心來移動和作用。尊重身體和尊重心兩者應該沒有分別，因爲你的身體就是你，摯愛之人的身體就是她的心，你不可能尊重她的一部分，卻不尊重另一部分。

我認識一位音樂家，多年來每個週末都參加派對，去聽音樂、喝酒、跳舞。夜晚一開始，派對充滿歡樂，而且大家敞開心懷，互相微笑，親切交談，但一靠近午夜，人們就收網了，開始只專心一意找個可以帶回家過夜的人，音樂、酒精、食物澆灌了欲望的種子。第二天早上，許多人醒過來，身旁睡著一位完全陌生的人，他們揮手再見，然後分道揚鑣，並不記得他們在前一晚一起分享了身心的私密。下個禮拜，他又在派對上進入同樣的輪迴，但不管他去過多少派對，或者跟多少人過夜，都遍尋不著那一直渴望的情緒上的幸福，也填補不了內心的空虛。

身體的親密關係

每一個生物體都想延續生命到未來，人類當然如此，一切動物也莫不如此，性和繁衍都是自然的一部分，性和生殖是生命的一部分，性可以帶來歡愉並豐富兩人深刻的連結，我們不應該反對性，但是我們切不可把它跟愛混淆了。眞愛不見得跟性有關係，我們完全可以愛，卻不必有性，也可以有性，卻沒有愛。

心靈覺醒並不非得由禁欲產生，許多人禁欲，卻沒有足夠的正念、專注力和智慧。只要人們在親密關係中有著正念、專注力和智慧，感情關係就有一種神聖的元素，性關係不應該先於情緒和心靈層次的交流、理解和分享。

人類的身體很美，樹、花、雪、河流、柳樹也很美，我們周遭都是美，包括在地球上繁衍的人類和動物的美。但是我們必須學習如何對待美，才不致摧毀它。

我們社會的運作，似乎把享受愛欲的歡愉當做至要。因爲生產者和製造者想賣出產品，所以爲產品打造出動人的廣告，澆灌你內心貪愛的種子，他們希望你陷入感官歡愉的欲望之中。

當我們寂寞又與外界隔絕，或有痛苦需要癒合，都是應該回自己家的時候了。我們也許需要親近另一個人，但是如果很快就跟才認識的人發生性關係，這份關係絕不會療癒或溫暖我們，那不過是暫時排遣罷了。只要陷入愛欲，我們就會擔心那個人離開或背叛我們。

性行爲驅散不了寂寞，性關係療癒不了自己，你得學著與自己自在相處，並在心中安頓一個家。你一旦有了心靈道路，就有了家；一旦能夠處理自己的情緒和日常的困境，你才能夠幫助對方。對方也要如此，兩個人都必須療癒自己。兩人內心都要感到自在，才能成爲供彼此居住的家。要不然，我們所分享的身體親密只不過是我們的寂寞和痛苦罷了。

心靈的親密關係

靈性的追求並非意味要信仰特定的心靈教法，每一個人的生命都需要心靈層面，若是缺乏，便難以處理日常所遭遇的困難。無論你是不是宗教的修行者，正念都是心靈道路的重要層面。

心靈修行會幫助你處理強烈的情緒，幫助你傾聽或擁抱自己的痛苦，幫助你認出並擁抱伴侶或摯愛之人的痛苦。一旦與伴侶有了心靈的親密關係，便有助於創造情緒的親密關係，進而使身體的親密關係更爲美滿，這三種親密關係是相互關聯的。

3

愛欲的根

若爲執著所蒙蔽，遲早墮入愛欲。焦慮日益升高，猶如滴水逐漸充滿水池。

（原文爲：「人爲恩愛惑，不能捨情欲，如是憂愛多，潺潺盈于池。」）

——《愛欲品》第三偈

如果我們繼續發展愛欲，就不免會出現性的貪愛和欲望，因此切莫低估愛欲。愛欲必須在一生起時就加以注意。

每一個人都想要愛人而且被愛，這是很自然的，但愛、欲望、需要和恐懼往往都被包裹在一起，很多歌曲都有這樣的字眼：「我愛你，我需要你。」這樣的歌詞意味愛和貪愛是一回事，對方只是滿足我們需要的人。我們也許感覺沒有對方就活不下去，當我們說：「親愛的，沒有你，我就活不下去，我需要你。」我們以爲自己說的是愛語，甚至覺得在讚美對方，但是這種需要其實是延續從小就跟著我們的、與生俱來的恐懼和欲望。

當我們還是小嬰兒時，非常無助，有手有腳，卻不能用手腳到什麼地方去，我們不能爲自己做什麼事。我們從子宮內部無比溫暖、濕潤、舒適的地方，來到了一個又冷又硬的世界，充滿了刺眼的燈光。爲了呼吸第一口氣，我們首須排除肺部的積水，千鈞一髮，險象環生。

我們與生俱來的欲望就是要存活，與生俱來的恐懼就是沒有人來照顧我們。我們學會講話和懂得語言之前，便知道腳步聲一接近，就是有人來餵我們或照顧我們了。這讓我們高興，我們眞的需要那個人。

我們這個新生嬰兒，分辨得出母親或照顧者的氣味，我們知道她的聲音，而且漸漸愛上了那氣味和聲音，這是第一份與生俱來的愛，從我們的需要而生，出於自然的本能。

許多人長大成人、尋找伴侶時，內心仍有那種與生俱來的存活欲望，以爲若沒有那個人，就活不成了。我們也許在尋找伴侶，其實那是我們心中的孩子在找尋父母或照護者所帶來的安全感和舒適感。

我們做嬰兒時，母親的氣味是世界上最美妙的氣味，因爲我們需要她。在亞洲，人們互相親吻時用鼻子比用嘴多，他們認得出而且很享受對方的氣味。

當我們在感情關係中放鬆，想著：「現在好了，因爲有人愛我、支持我。」但我們心中的嬰兒其實說的是：「我現在終於可以放鬆了，有人照顧我了。」這種喜悅感倒不僅僅是因爲眞心感激這個人的存在，而是因爲這個人使我們感到安全和自在。後來要是感情關係出了問題，我們就不再放鬆，也不再快樂了。

恐懼和欲望是相連的。從我們與生俱來的恐懼中，會出現一種欲望，需要另一個人讓我們感覺舒適和安全。嬰兒會覺得：「我很無助，沒法照顧自己，我很脆弱，我需要有個人，要不然就死定了。」我們若無法認出、照顧或釋放這些感受，它們就會不斷主宰我們所做的決定。如果我們這些成人仍感到不安全，就是未能認出並了解與生俱來恐懼，因此恐懼仍然延續。

無懼

只要欲望止息，就不再恐懼，便得到眞正的解脫、安詳、快樂。若修行人沒有欲望和內心造作，他便從淵藪中解脫。

（原文為：「無欲無有畏，恬惔無憂患，欲除使結解，是為長出淵。」）

——《愛欲品》第三十偈

我們大部分人都害怕跟摯愛的人分離，害怕寂寞，害怕空虛。最大的恐懼往往就是死後什麼都沒有，許多人相信整個生命只存在一期——從出生到死亡。我們相信自己是憑空而生，死後也會什麼都沒有。

我們充滿了灰飛煙滅的恐懼，但是灰飛煙滅只是一個概念，佛陀教導不生不滅，不來不去，不一不異，沒有常恆的自我。如果我們禪修，便會培育出正念❶和正定❷，從而引生不生不滅的智慧，終於破除死亡的恐懼。只要我們了解自己是摧毀不了的，便會從恐懼中解脫，這是大大的解放，無懼是究竟的喜悅。

有恐懼就不會快樂，如果你仍在追尋欲望的目標，就還有恐懼。恐懼伴隨貪愛而來，如果不再貪愛，恐懼自然離開。

有時候你很害怕，卻不知道爲什麼。佛陀說害怕的原因是你還有貪愛，

❶正念為八支正道之一，專心繫「念」，攝心不亂，以出離心為導向，向於涅槃。
❷正定為八支正道之一，為發智慧而修習禪「定」，攝心令住，心一境性，寂靜分明。

如果你不再追求貪愛的目標，就不會有恐懼；若沒有恐懼，就會感到平靜；身心若平靜，就不會遭到憂慮圍攻，較少意外，你就自在了。

我們能給他人最美妙的禮物就是不恐懼、不執著。眞實的教導比金錢和物質資源更爲珍貴。恐懼會扭曲生命，讓我們覺得不幸，我們依附物品和人們，好像快要溺斃的人抓住一塊浮木。只要練習不執著，並和他人分享這個智慧，你就給出了無懼這份好禮。萬事萬物都變化無常，這時刻會過去，那個人會離去，快樂仍然可能。

當我們愛上一個人，我們應該深刻檢視那份愛的本質。眞愛不會令你受苦，也沒有執著，會給自己和他人帶來幸福；眞愛發自內心；有了眞愛，你會覺得自己是完整的，不需要憑藉任何外在事物；眞愛如太陽，從自身的光亮照射出來，貢獻給一切眾生。

貪愛

愛欲的根既深且固，樹雖砍了，枝葉又冒出新芽來。如果沒有連根拔除愛欲，它所引起的痛苦還會回來。

（原文爲：「如樹根深固，雖截猶復生，愛意不盡除，輒當還受苦。」）

——《愛欲品》第八偈

親愛的愛欲，我知道你從哪裡來的。想要的心來自匱乏和錯誤的認知。我既對你沒有渴望和錯誤的認知，你怎麼能生起呢？

（原文爲：「欲我知汝本，意以思想生，我不思想汝，則汝而不有。」）

——《愛欲品》第三十一偈

經文的第三十一偈，佛陀一語道出欲望的眞實名字：貪愛。雖然我們想要愛和療癒，卻仍然跟隨著感官造作貪愛，爲什麼呢？因爲貪愛在我們內心深處打了牢牢的結，內在的結催迫我們，有時候我們並不想那樣動作、講話或行動，內心深處卻有什麼迫使我們那樣言行，事後卻很羞愧。那種內心力量支使我們做這做那，令我們違反自己的意願而做、而說，到後來，我們覺得非常遺憾，但爲時已晚，於是自問：「我怎麼會說出那種話？做出那種事？」但生米已煮成熟飯，貪愛的根源就在於慣性力量，只要我們深刻檢視，就開始解開這個結了。

習性

愛欲之心猶如溪流，流在習性和憍慢的水道上，我們的念頭和認知被愛欲的色彩染污。我們對自己覆藏實相，於是看不到實相。

（原文爲：「貪意爲常流，習與憍慢並，思想猗淫欲，自覆無所見。」）

——《愛欲品》第十偈

所有人都有習性，它的種子從我們祖先、祖父母、父母傳遞下來，也從我們所經歷的困難中孕育出來，我們通常無法覺知這樣的力量在身心中運作。我們也許想要一份堅貞的感情關係，但習性會把我們的認知著色，左右我們的行爲，使生命顚沛困頓。

一旦有了正念，我們就知道自己的習性其來有自，或許會看到父母或祖父母也跟我們一樣軟弱。我們可以看出從遠古根源而來的負面習性，卻不加評斷，也可以笑看自己的短處和習性。

也許在過去，要是我們注意到自己做了一些無意、或許是遺傳而來的事，會責怪我們那孤立獨存、與外界條件無關的自我❸。若有所覺知，就會

❸若不知所謂「我」實為衆多因緣所生，就會認為自我是孤立存在，與衆緣無關，「我」可支配自身的一切。

看到自己的行動實有更深的源頭，然後把習性轉化過來。

修行了正念之後，我們便認得出欲望的慣性本質，正念和專注力能幫助我們檢視並且找到行動的根源，我們的行動也許是被昨天發生的事所激發，也可能被三百年以前我們祖先的事所引生。

只要我們能夠笑看煽惑，或把性欲導引到正面的事物，就可認識到自己的能力，珍視那能力，而且堅持下去。關鍵在於對自己的行動有所覺知，正念助我們了解自己的行動從何而來。

如果我們還不能夠轉化那習性，只會從一所感情囚牢走出來，又墮入另一所囚牢。我們要是跟伴侶或配偶之間有了磨擦或痛苦，往往會認爲需要分居或離婚，還以爲只要擺脫對方，就自由了，這非常司空見慣。我們以爲那個人就是自己受苦的原因，但眞相是，就算離婚或分居之後，立刻覺得比較自由，但我們很快又會和另一個人糾纏在一起，也許會跟他密切交往，可是我們的行爲跟上一個人相處沒有兩樣。我們是自己習性的受害者。若在意行、語行、身行上都沒有改變，以前引起上一個人的痛苦，現在又引起這個新人的痛苦，於是打造了第二個地獄。

但若對自己的行爲有所覺知，我們便可以分辨這些行爲是善，還是不善，如果不善，就立意不再重蹈覆轍。如果我們覺知內心的習性，便能在意業、語業和身業上加強意向，不但可轉化自己，還可以轉化種下種子的祖先。這樣一來，便意味著祖先也可以笑看煽惑。如果有一個人可保持平靜並笑看煽惑，整個世界都會更平靜安詳。

情結

慢心是一道隨習性流動的水流，往往跟性吸引力的自我肯定有關。只要有人被我們吸引，我們的憍慢便得到滿足，感到自己有些價值、有些吸引力、有些好的特質，所以另一個人才會依附著我們，我們希望和某人在一起，好證實我們的才華和美貌。如果我們孤伶伶一個人，就以爲這證明了我們不夠有趣或不夠漂亮，於是就感到痛苦了。

我們總在比較，念頭又被四周不斷看到的景象和對他人膚淺的觀點所增強，我們認為自己比人強或比人差，要不然就致力於要和那個人不分軒輊，這三種情結——勝過他人、不如他人、和他人不分高下[4]——和性欲緊密相關。

一切情結的根源在於：我們認為有一個獨存的自我。我們把自己看做獨立的個體，所以總跟他人比較，看看誰強、誰弱，還是不分高下。但深入檢

[4] 此指慢心中的我勝慢類、我等慢類和我劣慢類三者。

視之後，我們會看到，壓根兒沒有一個自我可供比較。二元對立的思惟正是執著和貪愛的基礎。

我們有兩隻手，都有名字：右手和左手。你可曾看過兩隻手打架？我可從來沒見過。每次我的左手受傷，右手自然前來幫忙。所以體內一定有類似愛的東西。有時我的手互相幫助，有時各自行動，但它們從不會打起來。

我的右手請磬、著書、寫書法、泡茶，但我的右手不會瞧不起左手，說：「哦，左手，你一無是處。所有的詩都是我寫的。所有德語、法語和英語的藝術字體我全包了。你好沒用，你一無是處。」右手從不會苦於憍慢情結，左手也從不會苦於自己沒用，這多美好。右手有問題時，左手馬上前來馳援。右手從來不會說：「你該回報我，我總是幫你，你欠我的。」

經中談到欲望之流隨著情結流動。我們爲了要證明自己很重要、很有價值，於是尋求人家的贊同，這樣一來，就把別人也拉入執著所造成的痛苦中，眞是憾事。只要我們看待伴侶是不分你我，不分高下，甚至不必覺得對方與自己相等無差，那麼我們就有了足夠的無分別智慧。我們視對方的幸福爲我們的幸福，對方的痛苦爲我們的痛苦。

看看你的手。手指就像是一個家族裡的五個兄弟姐妹。假設我們是一個五口之家，只要我們記著，一個人受苦，全體都受苦，我們就有了足夠的無分別智慧。如果對方幸福，我們也幸福。

幾乎沒有人知道如何從無常和無我來看待愛和感情。若知道無我，便可以在摯愛的人身上看到自己，在自己身上看到他們。這樣，我們就變得健康、輕安，而且快樂。貶低或讚美摯愛的人，也就是貶低或讚美了自己。無我是一種智慧，可以解決性欲問題。我們可從無我的智慧來看待愛，而不是拒絕愛。

愛的眞義，是沒有分別。我們應該懷有平等心，這樣我們的愛就沒有界限。平等心就是沒有三種情結——強些、差些和相等，不再分別，能夠接受一切，不再受苦。愛中若沒有分別，也就沒有痛苦。

釋放貪愛

心流不間斷地自由流動，或發展、或阻礙愛欲之結。唯有眞正的智慧能夠清楚分別實相，助我們斷除內心的愛欲之根。

（原文爲：「一切意流衍，愛結如葛藤，唯慧分別見，能斷意根原。」）

——《愛欲品》第十一偈

佛陀成道後，回到生長的國家，看到政治局勢非常低迷，父王已經駕崩，許多政府高官非常腐化。魔王波旬這貪愛的化身於是出現了，對他說：「佛陀，你是世界上最好的政治家，如果你決定當國王，你可以在國家的現況中力挽狂瀾，也可以拯救全世界。」佛陀說：「波旬，我的老朋友，若要情況改變，需要許多因緣條件配合，並非只看誰當國王。七年前我為了修行而放棄王位，從那時起，我發現了許多事情，我可以幫助無數的人們，比當國王幫助的人還要多。」

我們每個人心中那迫促的欲望就是魔王波旬，我們內心的波旬說：「你很好，你是最好的。」但波旬說出這話的時候，我們必須知道話語是從波旬口中而來。「我認識你，你就是我的魔王波旬。」我們每個人內心都有許多位波旬會來找我們講話，只要我們認出那負面能量，就可以說：「我親愛的魔王波旬，我知道你在，可是你拉不動我。」

生起愛欲時，你可以說：「我親愛的愛欲，我知道你的根源，你是從我錯誤認知所生起的欲望而來，但是現在我沒有貪愛，你動不了我一根毫毛。即使你已存在，也拉不動我。我沒有任何希願，我對你也沒有錯誤的認知，那麼，你怎麼可能生起呢？」

現在你就像魚兒，已經知道鉤子就藏在誘餌中，知道誘餌不是營養的來源，不會再上鉤，你的想蘊很清明，你是醒覺的，不可能被拉走。

當我們放下了情結，深入檢視習性，貪愛就消失了。一旦放開支使的力量、迫促的結，我們便從深淵裡走出來了。若再深入檢視，就更了解：自己確可以解開內心的結，便自在了。

4
轉化寂寞和痛苦

我們每個人都有一種很深刻的欲望，想認識並了解世界，同時又被世界認識和了解，這是深刻自然的渴望，但這渴望常常讓我們等待著自身之外的東西。

往往，我們還來不及了解自己以前，便已經找到愛的目標，要不然，就繼續等待令我們感覺踏實的東西。這就是工業化國家的許多人經常用電話或電子郵件的原因。

我們有時候都不免感到內心寂寞空虛，這時，我們常用消費或酒精，甚或性行爲，努力去塡補這個眞空。但是我們享受欲樂時，那種空虛感不但持續而且比以前更深。我們只有眞正了解自己和摯愛的人之後，才能轉化這種空虛感。

即使兩個人共同有了孩子，他們還是分隔的。我們每個人都處於隔絕狀態，並不因爲住在一起，或有了性關係，甚至共同有了孩子，就可以驅散這種隔絕感。我們只有修行正念，眞正回家，回到自己和對方，才能驅散相互的隔絕感。

注意

我們把自己囚禁在愛欲裡，就好像蠶織著自己的繭。智者可以切斷引發欲望的認知，只要冷眼以對愛欲的目標，就可以避免一切痛苦。

（原文爲：「以淫樂自裹，譬如蠶作繭，智者能斷棄，不眄除眾苦。」）

——《愛欲品》第十七偈

經中引用蠶以絲把自己包纏起來，以便休眠的意象。蠶打造了自己的繭，我們選擇注意某個方向而打造了自己的繭。注意力有許多不同的種類，有一種注意力可以幫助我們，像是我們注意呼吸或磬的聲響，這稱爲如理作意（appropriate attention）。我們注意的目標決定了我們平靜與否。舉例而言，當我們知道磬響了，內心自然安頓而平靜下來。

感受有愉悅的，也有不愉悅的。當我們見色聞聲，認出了它們，我們便有一種感受❶和認知，我們的感受引生認知，認知緊接在後，而且屬於感

❶感受指五蘊中的受蘊。五蘊詳見本章譯註❹。

受，我們認為某事很醜陋或很美麗，愉悅或不愉悅，有身的樂受，就生起心的喜受；有身的苦受，就生起心的憂受。

認知往往不正確，我們接觸到一個目標，認為這目標體現了愛、樂、我、淨；我們以為自己的愛充滿了感情，能填補內心的空虛；我們責怪另一個人或另一群人，或者運氣不好，而造成我們的痛苦。但外在的因緣條件並不是痛苦的原因，我們的痛苦早已存在了。

人類出生並不是開始，而是延續。我們出生的時候，各種不同的種子——美善、殘酷、覺醒的種子——已經在我們的內心當中了，是美善、還是殘酷的種子現行，全視我們用行為和生活方式培養哪一個種子。我們有非常痛苦的感受、強烈的情緒和騷動的認知來刺激自己，讓自己害怕。若有了正念，我們便可以跟這些困難的感受相處，卻不走避。我們可以擁抱它們，如父母擁抱孩子一樣，對它們說：「親愛的，我在這裡與你同在，我回來了，我要照顧你。」這樣一來，我們就照顧了自己的情緒、感受和認知。

外表

我們的心念放逸，把愛欲的目標看成非常純淨，不知日益增長的愛執使我們不得解脫，造成許多痛苦。

（原文為：「心念放逸者，見淫以為淨，恩愛意盛增，從是造獄牢。」）

——《愛欲品》第十八偈

具有正念之人能看清愛欲的目標有不淨的本質，因此可以放下欲望，逃離囚牢，得免老、死的過患。

（原文為：「覺意滅淫者，常念欲不淨，從是出邪獄，能斷老死患。」）

——《愛欲品》第十九偈

我們的文化相當重視外表，我們需要放下對身體美麗的執著，但大部分人好像都在競相爭逐。在世界的各大城市裡可以很清楚地看到，售賣化妝品的商家如雨後春筍，充滿了讓我們美麗而時尚的承諾，人們找醫生來改變身體和臉貌，他們靠著手術刀和化學藥劑來割除或調整身體的某些部位，認爲他們會更具吸引力。

若我看到一個形象而被它吸引，那是因爲不懂得思惟無常。由於無明，我們以爲色相是清淨而美麗的，我們不知道表象之中並不含有任何眞實而持久之物。

（原文爲：「見色心迷惑，不惟觀無常，愚以爲美善，安知其非眞？」）

——《愛欲品》第十六偈

每個人都希望外貌更好看，然而沒有什麼是永續或眞實的，但我們仍受心中臨水照花的自我形象和他人的外貌所誘惑。可以確定的是，我們的外表和體型會改變，所以沒有必要執著。有上百種雜誌和網站告訴我們如何才能成功，你必須像這樣或那樣，用這個或那個產品。許多人因爲不能接受自己的身體而感到痛苦，他們希望看起來有所不同，別人能接受他。

接受自己的身體，對平靜和解脫非常重要。每一個人的出生都像在人類花園裡開出的一朵花，花朵各個不同。如果你無法接受自己的身心，就不能跟自己自在相處。許多年輕人不接受自己的眞實面目，卻想跟另一個人相處自在，但如果他們跟自己相處都不自在，怎能跟他人自在？

我寫了一幅書法說：「做美麗的人，做你自己。」這是非常重要的修行，當你練習爲自己建造一個自在的家，你會越來越美麗，煥發著內在的平靜、溫暖和喜悅。

當心感到愉悅，便生起五欲，眞正的勇士迅即止息這些欲望。（原文爲：「心可則爲欲，何必獨五欲，違可絕五欲，是乃爲勇士。」）

——《愛欲品》第二十九偈

一旦看到愉悅、可愛又吸引人的事物，我們就身陷其中了。但是吸引人的外表是會欺騙誑惑的，我們會被它們鉤住，一旦陷入，就有苦可受了。

佛陀有一次開示，提到有個人非常口渴，看到一杯新鮮純淨的水，他以爲喝了這杯水，就不再渴了。再仔細一看，杯子上有個標籤說此水有毒，飲者有致命之虞。但這杯水看起來這麼澄清鮮香，智者會說：「我還是別喝這杯水，另外去找水源吧。」但我們許多人，因爲那杯水的外表這麼吸引人，我們會說：「我要喝，就算死了，也於願已足。」

我們有智慧，也能了解，知道喝了毒水就會死，但是不管三七二十一還是灌了下去。許多人都是如此，爲了看似非常具吸引力的事物，隨時準備赴死。其實還有許多水源也可以解渴，卻不會危害我們。

佛陀又說了另一個例子。有一條魚在池塘裡游著，看見了一個很吸引人的誘餌，正要張口咬下的時候，另一條魚說話了：「別咬！誘餌裡有個會鉤住你的東西，我知道的，因爲我上過當。」但這條魚非常年輕、涉世未深，而且充滿了精力，他說：「我不管，這看起來這麼引人，我要吃，我會跟你一樣活下來。」欲望就是這麼強烈，讓我們願意去投身冒險。許多年輕人說：「我要感覺良好，我會負責任，不管後果如何。」咬下誘餌也許會快樂幾分鐘，痛苦卻很快就上身了。

痛苦

愛欲令我們受苦，捆綁在世間，愛欲帶來的憂慮和苦患日夜滋生，如蔓草盤根錯節。

（原文爲：「以爲愛忍苦，貪欲著世間，憂患日夜長，莚如蔓草生。」）

——《愛欲品》第二偈

偈中的草是指用來蓋屋頂的草，巴利文經典中稱爲*dirana*，它的根交纏在一起，苗尖看起來非常甜美，人們就只想摘苗尖，地底的草根卻迅速滋長，不久就盤根錯節纏在一起如蓆子一般。如果只是澆水、採苗尖，它會繼續交纏生長，我們需要把根部全挖出來，野草才不致春風吹又生。

我們大部分人都嘗過貪愛性關係的痛苦。我們常覺得卡在感情關係或工作中進退不得，以爲滿足了愛欲就能獲得自由。但正是這種欲望，引起我們的憂慮和不幸，若被愛欲主宰，憂慮和痛苦就一直不會離身，甚至金錢和權力也無法保護我們。

大多數人都會努力逃開痛苦，努力掩飾內心的痛苦，且用消費來塡補空虛感，我們消費食物、音樂或性，有時候用開車或講電話來忘掉痛苦。市場提供我們許多方法從自身逃開，但是逃開一點也不奏效。

我們需要勇氣來認識什麼東西不奏效，深入聆聽受苦的內心，我們可以用專注呼吸❷和行禪所培育的正念能量，來獲得力量和勇氣，回到自己的家，認出內心的痛苦，溫柔地擁抱它，我們可以深入傾聽自己的痛苦，並回應說：「我的痛苦啊，我知道你在，我已經回到了家，我會照顧你。」

有時候我們感到痛苦，卻不知道爲什麼。我們不了解痛苦的本質，痛苦可能由我們的父母或祖先傳來，他們也許不能夠轉化痛苦，就此傳給我們了。首先，我們只要承認內心有痛苦，如果我們不曾聆聽自己的痛苦，就不會了解它，對自己也不會有悲心。悲心是幫助我們療癒的元素，只有對自己懷有悲心，才能眞正傾聽另一個人。

❷此指運用出入息為所緣的止觀禪法，如安那般那念。

所以我們用正念的力量擁抱自己的痛苦、憂傷和寂寞，從正念修行而生起的理解和智慧，會幫助我們轉化內心的痛苦，我們會感到輕鬆，內心溫暖而平靜。這利益我們，也利益對方，於是當對方和你一起打造一個家，你就有了一位盟友。你幫助他，他幫助你。

邪見

智者完成修道，從一切執著和痛苦中解脫，從一切分別中解放，超越了二元對立的見解。

（原文爲：「盡道除獄縛，一切此彼解，已得度邊行，是爲大智士。」）

——《愛欲品》第二十二偈

解脫之道對你敞著大門，你爲什麼要拿繩索把自己和他人綑綁起來？佛陀眞正的教法是此故彼[3]，你不可能把此從彼拿掉。如果一塊漂流木卡在河

[3] 因為有這個因，所以有那個果。見《雜阿含經卷十》：「迦旃延。如來離於二邊。說於中道。所謂此有故彼有。此生故彼生。謂緣無明有行。乃至生、老、病、死、憂、悲、惱、苦集。所謂此無故彼無。此滅故彼滅。謂無明滅則行滅。乃至生、老、病、死、憂、悲、惱、苦滅。」

邊，它就停下來，不可能繼續旅程，到達大海。無論你在河的哪一邊卡住，你就是卡住了。在河的中流，不執著任一岸，就稱爲中道。

根據佛陀所說，邪見（*viparyasa*）有四種。邪見意即顛倒或反面。一切苦都是由這四種違反實相的邪見所衍生：第一種邪見是常（*nitya*），一切現象皆是無常（*anitya*），我們卻看成常。第二種邪見是樂（*sukha*），有時候我們把苦（*dukkha*）看成樂。比方說，我們以爲毒品和酒精能令我們快樂，或開始一段婚外情，以爲會帶來持久的快樂，卻反令自己和摯愛的人受苦。

第三種邪見是我（*atman*），人們並沒有孤立獨存的生命，正如花朵沒有個孤立獨存的生命一樣。雲在花之中，父親在孩子之中，看到這個實相，就是看到無我，完全體會了無我，就不再執著。我們若陷在二元對立的思考裡，陷在不是這個、就是那個的概念中，我們就會視父子爲兩個不同的實體，也視身和心、生與死爲兩個不同的實體。

佛說：「不生不死，不有不無，不來不去。」生死、來去，只存於我們心中。科學家可以看到這個眞理，雖然只是限於知識方面。法國化學家安東尼．拉文斯（Antoine Lavoisier）說：「沒有失去，沒有創造。」萬事萬物都是轉化而來的。

當我們觀察一朵花或一朵雲，我們可以看到沒有生，也沒有死，沒有來，也沒有去，生死只是事物外在的表象。只要我們更深入觀察，就發現沒有事物生，也沒有事物死。只要我們完全接受了這一點，便對於來來去去不再恐懼。基督教神祕教派也提到這樣的眞理，以「安息主懷」來表達，在佛教中我們稱爲「涅槃」。如果我們希望證入涅槃，就必須放下我們對生死、來去、作者和受者、內外的二元對立的見解，我們最大的障礙就在於二元對立的見解。有些人說上帝是創造者，世界是上帝創造的，這樣把創造者和創造本身視爲兩個不同事物，就是一個二元對立的見解。

最後一個邪見是淨（*shuddhi*），我們喜歡分別事物，所以看不到堆肥使花園茂盛，淤泥有助蓮花生長，或塵土、血汗也能誕生鑽石。不純淨的事物，我們認爲純淨。當我們去找一段婚外情或一段感情關係的時候，往往如此，我們要是發現某人非常有吸引力，就認爲他們很純淨，對我們很重要，然而每一個人都是由純淨和不淨、垃圾和鮮花組成的。

當我們深入觀照，並且放下常樂我淨，就有了智慧，這樣一來，我們便不會理想化愛欲的目標，我們可以分辨出他的眞實本質，我們看到他其實是無常、無我、不淨——就跟我們一樣。

主權

當心邁向了愛欲的方向，性愛的樹便拔地而起，而且迅速冒出芽來。於是內心散亂了，因為愛欲的目標在內心燃起猛烈的火。尋求愛欲的人有如猿猴尋找果子，從一根枝條躍上另一根枝條。

——《愛欲品》第一偈

（原文為：「心放在淫行，欲愛增枝條，分佈生熾盛，超躍貪果猴。」）

我們把自己綁在愛欲的網上，或以它爲傘來覆蓋自己，就是把自己綁在執著的輪迴中，如魚游向自己佈下的陷阱。

（原文爲：「以欲網自蔽，以愛蓋自覆，自恣縛於獄，如魚入笱口。」）

——《愛欲品》第二十偈

我們大部分人都處在很忙碌而且很有重擔的環境，從一個活動到另一個活動，從一個人到另一個人，而且外境很快把我們從正念修行拉開。我們雖有了女朋友、男朋友、伴侶、配偶，但還有許多沒有填滿的欲望，欲望令我們離開那個人，又交上另一個人。猿猴從一根樹枝跳到另一根樹枝，找尋果子，口裡吃著一個，但心裡還想吃另一個。如果沒有愚癡和貪愛，我們就不會陷入欲望。

別人並沒有限制我們，是我們限制自己。如果我們感覺掉入陷阱，那是因爲自己的行爲，並沒有人強迫我們把自己綑綁起來。我們拿愛欲之網把自己裹起來，拿愛欲之傘把自己罩起來，有如魚游向漁網的開口。越南有一種傳統的竹子捕魚陷阱，兩端開口，進去容易出來難。

佛陀在菩提樹下成道時宣稱：「奇哉！一切眾生皆有覺醒、智慧、愛和解脫的能力，他們卻渾然不知，並且捲入苦海。」他看到我們日夜追尋的東西早已存於內心，我們稱為佛性或覺性，即眞正的解脫，這是一切平靜和快樂的基礎。覺悟的能力不可能由他人賦予，其實早已在你心中了。

我們每個人都對自己的生命和組成生命個體的五蘊有著充分的主權，五蘊就是色（身體）、受、想、行、識[4]。修行就是深入觀察五蘊，發現我們生命眞正的本質——苦、樂、平靜或無懼的眞實本質。

但是大部分人都逃避自己的五蘊，任由衝突和失序生起。我們太害怕回

[4] 五蘊是人類身心中五類不同的集合：「色」是物質，其餘四類是精神；「受」是感受、領納，即情緒作用；「想」是認知、取像，即認識作用；「行」是經審慮、決斷要去造作身體或語言的行動，即意志作用；「識」是明了、識別，即內心的統覺作用。

到自己的領域，面對困難和痛苦。只要我們有十五分鐘或一、兩小時「沒事」的時候，我們就會用電腦或手機、音樂或者談話，來忘掉或逃開組成生命個體的五蘊，我們想：「我太苦了，我有太多問題了，眞不想再回到它們那裡去了。」

爲了讓我們主權的領域重回掌握，並轉化五蘊，我們需要培養正念的力量。這樣，我們就有力量回到自己，這樣的力量眞實而且具體。

當我們懷著覺知練習行禪，踏實而平靜的腳步培育出正念的力量，令我們回到當下；當我們坐禪，跟隨呼吸，覺知每個吸氣和呼氣，我們就在培養正念的力量；當我們正念進餐，我們在當下投入整個生命，覺知食物以及跟我們一起進食的人。不管我們做什麼，都可以培養出正念的力量——無論是工作，還是清理，甚至和摯愛的人親密的時候。只要這樣修習幾天，就會增加正念的力量，這樣的力量將幫助我們、保護我們，給我們勇氣回到自己，看到並擁抱我們主權領域的一切。

解脫和救贖不會從自己以外的他人而來，你不可能等著別人來救度你，你是自己的島洲。回到吸氣和呼氣，只要感受內在的平靜，觀察就更深入，也會看到困境的根源，你會解開綁住你的繩索。即使心中充滿愛欲，也必能解開束縛你的腳鐐手銬。

5

理解和寬恕

只要我們理解佛陀的教法，便會看到並了解事物的眞實本質，卻不會捲入。（原文爲：「若覺一切法，能不著諸法，一切愛意解，是爲通聖意。」）

——《愛欲品》第二十四偈

能了解自己的痛苦，就比較容易了解別人的痛苦。了解是禮物，對方可能覺得生平第一次被了解。了解的另外一個名字叫愛。不了解，就沒有愛。

如果你不了解兒子，就不可能愛他；如果你不了解母親，也不可能愛她。了解就是給出愛。若沒有了解，那我們愛得越深，自己和他人便越痛苦。

賽珍珠的小說《東風：西風》（*East Wind: West Wind*）說到一個年輕人從中國到美國求學，成了醫生，與他訂親的女子留在中國，一直受著中國傳統教育，包括纏足、學著侍奉和取悅先生。當這個年輕人完成學業，回到中國結婚，他已經受到當時的西方所影響，希望妻子表達自己的思想，不要懼怕或奴顏婢膝地順從，但這對她太困難了，這與她所學到如何當好妻子完全背道而馳，這對夫婦相互疏離了好幾個月，達不到眞正的情緒上和心靈上的親密，因爲兩人之間的鴻溝非常深，丈夫不願和太太有身體上的親密。然而他們終能彼此了解、相愛，成爲一對幸福的夫妻。

有時候你可以坐著看孩子睡，孩子睡著時呈現出來的是溫柔、痛苦和希望，只要觀照孩子睡著並觀察自己的感受，就會生起智慧和慈悲，你會知道如何照顧那孩子，讓他快樂。對伴侶也是一樣，你應該有機會在他睡著時觀察他，深入觀察他睡著時所呈現出來的溫柔、痛苦、希望和絕望，坐著十五分鐘或半小時，只是觀察，便會生起智慧和慈悲，你就會知道如何和伴侶共處。

父母把我們生到這世界上來，如果父母彼此了解並相愛，我們就有機會學到什麼是眞愛。如果父母彼此不了解，也不相愛，我們就沒有這種機會；

如果他們彼此了解並相愛，他們就成了我們懂得如何愛的第一個老師。他們並沒有給我們上課，但他們照顧彼此的態度就是最好的一課。

父母能留給孩子最珍貴的遺產，就是自己的快樂；父母的快樂是他們能給孩子最珍貴的禮物，孩子終其一生都可以利用這個教誨。你也許不能給他們錢財、房子和土地，但你可幫助他們成爲快樂的人。如果我們有快樂的父母，我們就收到了最珍貴的遺產。

夫婦一起生活，他們以爲從內到外完全了解對方。他們相信彼此沒有隱瞞任何事，以爲自己完全知道彼此的身心。其實一個人就是一個有待發現的宇宙，我們看到的往往只是表殼；眞相並不易察知。

我們練習了如何深入觀照自己，才能深入觀照另一個人。於是，當我們觀察對方，便會開始了解他們的痛苦，因爲我們已經看到而且轉化了自己的痛苦。一旦我們能夠理解摯愛之人的痛苦，便能幫助他。因爲我們已經了解他們的心，便不會再責怪對方了。我們觀照對方的方法含有慈悲，對方會看得出來，即使我們沒有做什麼或說什麼，我們觀察的方法已經開始療癒了。

如果一對夫婦不修習正念，也不努力去了解自己和對方的痛苦，他們的路不可能走得很遠。即使他們並不快樂，還是可能繼續一起生活許久，可能爲了孩子，或者因爲不想把生活變得更複雜而繼續在一起生活。許多夫婦都是如此——他們在一起，卻不快樂。也有夫婦撐不下去，就分居或離婚了。

只有了解和愛能療癒寂寞。有時候我們以爲和另一個人有了性關係，就會比較不寂寞，但其實這樣的性關係減輕不了寂寞的感受，甚至還會更糟。性應該伴隨著了解和愛而來；沒有了解和愛，性是空洞的。

深度的聆聽

我們若要眞正與摯愛的人同在，深度聆聽非常必要。摯愛之人的痛苦，我們還沒能看到呢！能了解我們痛苦的人是最好的朋友，我們希望成爲了解他人痛苦的人。若要了解，就必須深度聆聽。

我們可以問伴侶：「親愛的，多希望你能說說童年。像你喜歡吃什麼？喜歡玩什麼遊戲？碰到什麼困難？」如果我們眞正好奇，就會希望知道並了解這些事情，只要好奇並想要眞正與對方同在，他就會述說童年。只要眞正聆聽他的早年生活——也許很快樂，也許很受折磨，也許這麼多年下來，他還在痛苦，而且無人知曉——我們就能成爲他最好的朋友。

「我們相互傾聽吧！」「讓我們與彼此同在吧！」我們需要常說這些簡單的事情，要不然，兩個身體的結合會變得非常單調乏味。即使和伴侶在一起，我們還是一直覺得是單獨一人，因此我們又去找別人交往。這樣一來，我們便總在尋尋覓覓。但是可別相信自己已看到對方眼中的一切。如果你覺得自己從裡到外都認識摯愛的人，所以覺得乏味或不安，你就錯了。你確定你認識自己嗎？

在亞洲，我們說這是「同床異夢」。一旦我們能愛、能了解，就可以使自己和他人快樂。當我們問起摯愛之人的童年，他可能會回答：「過去已是過眼雲煙了，我不想談。」但如他不能夠了解自己，就不可能了解他人。

說愛是由了解構成的，看似簡單，但做起來不易。我們首先了解自己的痛苦，進而發現貪愛的原因，我們就會有所轉化，不再責難或記恨。一旦了解，我們就可以愛，終可排除內心的寂寞感受。

寬恕

不要等到一切都來不及了，才發現錯過了生命中眞正重要的事，因爲愛欲可以洶湧而至，往往，我們到後來才看出這混亂是如何肆虐的。每個人都會犯錯，但是你不可能要求別人一再原諒你。舉例來說，不要只是說：「對不起，我剛才吼了你。」你必須訓練自己不要經常吼別人，決心下功夫練習，觀察你行爲的根源，然後你發願要轉化自己，轉化這個情況，並利益他人。

眞正的懺悔會使你快樂，也會使對方快樂。如果沒有眞正的懺悔，信任就消失了，你們兩人都會更不快樂。要發願你會轉化，而且會盡一切努力走上修行的方向，要不然，對方就不再信任你了；慢慢地，你對自己也不信任了，你們的關係會越來越脆弱。你的行爲要使信任日益增強，你不需要說什麼，對方會從你的行爲知道，你眞正重新開始了。即使對方一時沒有看出來，也不要吵架或害怕，只要好好穩定地練習，眞相就會慢慢呈現，你們的關係也會改進。

練習正思惟很重要，正思惟就是深入觀察，使我們更了解、更慈悲。只要你發現自己在評斷伴侶，那就回到吸氣和呼氣，自問：「我如何能夠從不同的角度來看？我能不能更深入了解他的痛苦和困難？」

只要你了解伴侶，就更易於接受他，也會有更多的悲心，這種悲心很快就讓你輕鬆許多。不要一直被他的言語和行爲所震驚，人們常想：「怎麼可以這樣！他必須要改。」要是你受到這樣的震驚，便立刻回到吸氣和呼氣。回到平靜中，再深入觀察事情究竟如何，隨處都可以這樣做，然後接受並且享受這個情況。悲心並不是說你必須愛一個很難纏的人，但是如果你停下來並且深入觀察，你會看到這個人的困難。只要接受他，就可以愛他。

每個人都有不善巧的地方。若你看到自己的方法並不奏效，就要認識到這一點，停下不善巧的思想和行爲，吼對方幫不了他。如果你已經吼了，就要認識到這是自己不善巧的行爲，回到吸氣和呼氣，說：「我得彌補這件事。」然後向對方道歉，告訴自己下次會盡全力在事前就記著絕不重蹈覆轍。

如果你想做勇士，就必須努力誠懇待人而且決心平靜。即使你怒氣沖天，也要停下來，更深入觀照，來了解自己和他人。你必須運用修行中生起的信心，今天就開始轉化，不要拖到明天。

6

快樂的三關鍵

如果我們要快樂和喜悅，就必須決心放下執著……，沒有執著，就有眞正的平靜和喜悅。

（原文為：「己意安棄憂，無愛何有世？不憂不染求，不愛焉得安。」）

——《愛欲品》第五偈

我們常以爲只有某種外在的因緣條件才會帶來快樂；我們必須有了這、有了那，快樂才會降臨。但快樂是從我們如何看待事情而來。我們不快樂，但在同樣因緣條件下的其他人很快樂。這偈句提醒我們要像蓮葉，水滴滑過蓮葉卻不被吸收；我們發願要學蓮葉，愛欲從我們身上滑落，前後都維持著一貫的平等心。

快樂要靠智慧，我們也許發生了一個很糟糕的意外，但如果我們深入觀察，可能會看到這個意外居然有一個有利的影響，讓我們在未來更有正念，使我們避免更大的意外；有時候我們看起來碰上了所謂的好運，但要小心，因爲好運有時會帶來壞結果。

如果你不快樂，就需要去深入觀察情況。如果你說：「我在這個地方不快樂，或跟這個人在一起不快樂。」很可能不是實情。如果你不快樂，並不是因爲外在情況，而是因爲你自己。你在什麼情況下都可以很快樂，這倒不是說你應該被動或接受事情無可改變。當然，你接受事實，但意思是，你看清楚事情如實的面目，同時看到負面和正面的情況。

別以為沒有了這個或那個，你就無法快樂。你可以盡一切努力去爭取想要的一切，不論得失仍然保持快樂。舉例來說，如果你在等待簽證離開這個國家，別說：「只要拿到簽證，我就高興了。」也許當你抵達了另一個國家，在那邊也不快樂，因此你必須訓練自己去想：「即使拿不到簽證，沒關係，我在這裡一樣快樂。」這樣一來，如果你眞的取得簽證，也能接受在另外一個國家的狀況。

放掉牛隻

有一個老故事說，佛陀和比丘一起坐著，剛正念用完了午間飯食，忽然有一個農夫過來，他心裡非常難受，說：「親愛的比丘們，可曾看到我的牛經過這裡？我有五隻牛，但不知怎麼的，今天早上全跑掉了。我也有兩畝芝麻，今年蟲子吃掉了所有莊稼，什麼都沒留下來，我簡直想死。」

佛陀出於悲心，注視著他說：「親愛的朋友，我們坐在這裡一小時多了，還沒有看到牛，你也許要到另一個方向去找找看。」

農夫離開後，佛陀轉身看著一起坐著的比丘，微笑著說：「善友，你很幸運，因爲你一條牛也沒有。」

牛代表我們執著的事物，所以修行就是學著如何放掉我們的牛隻。坐下來，正念觀照呼吸而且專注，認出你的牛，用眞實名字來呼喚牠，看看你是否能放掉一隻。放得越多，你就越快樂。放掉牛隻是一種藝術，一種修行。你對快樂的想法是一隻牛，非常強壯的牛，需要極大的智慧和勇氣才放得掉。

假設你很想要一個東西，認爲得不到就不可能快樂，你墮入了那個想法。但其實有些人有了那個東西，卻非常不快樂；有些人沒有那個東西，還是非常快樂。你對快樂有一個固定的想法，如果你快樂不起來，可能是因爲這個想法。放掉那想法，快樂就比較容易來臨。有許多扇門都通向快樂，如果你把所有的門都打開，那麼快樂就有很多入口；但如果你把所有的門都關上，只開一扇門，快樂便很難進來，因爲快樂剛好不能從那一道門進來。所以別關上任何一扇門，敞開所有的門，別只把自己鎖在一個快樂的想法上，放掉你原有對快樂的固定想法，快樂可能就降臨了，就在今天下午。

我們許多人都執著於「怎樣才能眞正快樂？」的固定想法，我們執著許多我們認爲對幸福至關重要的事物。因爲執著這些事物，我們也許非常痛苦，卻沒有勇氣放掉，怕感覺不安全。但就因爲執著，我們便繼續受苦，這可能是一個人、一件物品，或者是社會上的地位，任何事物都有可能。我們以爲沒有那個人或那個物品，我們就不安全，因此墮入它的陷阱。

要快樂，首先應有對快樂深刻的渴望，然後邁上一條心靈的道路。每一天，在道路上做些小事，你就會快樂。別想去做大事，做小事會讓自己更快樂，也讓朋友更快樂。你可以爲自己，也爲周遭的人，燒一道菜或收拾桌子，做得非常圓滿。現在就可以動手做。

有三個重要的修行可以轉化你的痛苦，而且可以爲自己建立一個家，然後才能給伴侶牢靠的感覺，也了解伴侶，這都令你非常喜悅。它們即是正念（*smrti*）、正定（*samadhi*）和智慧（*prajña*）的修行，有了這三種修行，我們可淨化內心，減輕煩惱，與摯愛的人更深入連結，而且導向自由與解脫。

正念

放下、釋放，是一種可以帶來喜悅和快樂的技巧，正念是另一種。假設你是個年輕人，你可以健走，可以跳跳跑跑，可以做好多事，精力充沛。年輕是件美妙的事，我們就沒法做那些事了，因爲太老了。因此，吸氣，感到自己年輕、精力旺盛。「吸氣，我知道我還年輕」，那種覺知會帶來快樂。

我吸氣的時候，可專注眼睛，這種觀照來自視力還不算差，眼睛的狀況也不錯。「吸氣，我覺知眼睛；呼氣，我對眼睛微笑。」有些人一開始可能會覺得這有點傻氣，但這樣修習正念會帶來智慧和快樂。有一對健康的眼睛太美妙了，你只要睜開眼就會進入各種形狀和色彩的天堂。春來了，天堂就來了。因爲你有好眼睛，很容易進入天堂，不必費什麼氣力，只要睜開眼睛。

失去視力的人，再也不能用眼睛看到天堂，最深的願望就是重新恢復視力，再看見天堂。但是眼睛狀況還很好的人可以說：「吸氣，我覺知眼睛；呼氣，我知道眼睛狀況還很好。」這種洞察力來自你已有快樂的因緣條件，這就是正念，正念帶來喜悅和快樂，正念告訴你，你還年輕，眼睛的狀況很好。

「吸氣，我覺知心。」你認識到心，知道心還在正常運作。心臟正常運作真是太美妙了，沒有這樣心臟的人會很害怕什麼時候心臟病發作，所以每次我們正念觀照心臟正常運作時，就感到很快樂。有了正念，快樂只要花一秒鐘就有了，正念幫助我們認識到：許多快樂的因緣條件都在我們內心，也在我們周遭。

因此我們必須訓練自己學到：正念是快樂的來源。我們不必有錢，不必去購物，只要正念。我們首先培養放下的能力，然後培養正念的能力，然後會發現快樂早已存在了。

我們有些人擁有許多快樂的因緣條件卻鬱鬱不樂，別人羨慕我們，想像我們是快樂的人兒。我們擁有很多快樂的因緣條件卻不知道，也不珍惜。

專注力

當我們對某件事情懷有正念，就可以集中而專注，這樣的專注可提升快樂的品質。假設你有一杯茶，當你正念而且專注，茶就非常眞實，喝茶的時間讓你非常快樂，你的心沒有擾動，不會駐留在過去、未來或現在剛做著的事，你全心全意注意茶，這就是專注。茶是專注的目標，因此在那個時刻喝茶，會非常快樂。你越專注，就越快樂。觀想美麗日出的時候，你不會因爲惦著過去或未來而分心。你越專注，越能看到四周的美，因此專注是一種快樂的來源。

智慧

智慧令你解脫，如果你駐留在恐懼、憂慮、欲望或貪愛中，就不可能平靜。但一有智慧，就可去除恐懼和貪愛，便得自在，真正的喜悅和快樂就降臨了。修行釋放、正念、專注力、智慧，是真愛的修行。

7
眞愛的四要素

7 真愛的四要素

眞愛令我們快樂。不能讓我們快樂的，就不是眞愛，而是別的東西。

「愛」一字有多重意義，我們說自己愛冰淇淋、一條牛仔褲或一部片子，我們已經濫用了愛字，現在得去療癒。文字會生病，而且會失去了原來的意義，我們必須爲文字排毒，讓它們重新恢復健康。

眞愛是由慈（*maitri*）、悲（*karuna*）、喜（*mudita*）、捨（*upeksha*）組成的。眞愛帶來喜悅和平靜，而且會減輕痛苦。你不需要另一個人來練習愛，在自己身上練習就可以了，只要練習成功，愛另一個人就非常自然了。你的愛就像一盞光明的燈，會使許多、許多的人快樂。

聖潔是由正念、專注力和智慧所組成，當你修習眞愛的四種品質，你的愛便非常能夠療癒並轉化，其中有聖潔的元素，於是親密行爲會非常美麗。愛很美妙，能夠給出喜悅和快樂，減輕痛苦，超越各種分隔和障礙。

慈

慈即 Maitri，是愛的第一個元素。Maitri 一字從梵文的 *mitra* 而來，朋友之意。所以愛是友誼，友誼會帶來快樂，要不然友誼有什麼用？做朋友就是要給予快樂，如果愛不能給予快樂，把對方弄得一天到晚哭哭啼啼，這就不是愛，不是慈，剛好相反。

Maitri 翻譯成英文就是 loving kindness，給予快樂的能力。眞愛必要有這個元素，愛不只是愛另一個人，愛自己是愛另一個人的基礎，如果你不懂得如何愛自己，並使自己快樂，怎麼能夠愛他人，使他快樂？如果你不懂得什麼是快樂，怎麼能夠把快樂給出去？若生活得喜悅而且快樂，就足以把喜悅和快樂帶給另一個人了。

我們知道快樂和痛苦有關，如果不了解痛苦，就不會懂得快樂，了解痛苦是快樂的基礎。如果你不懂得如何處理內心的痛苦感受，你怎麼能幫另一個人處理內心的痛苦感受？所以自我愛對愛另一個人非常重要，一個成功的感情關係要靠我們能夠認出自己內心的痛苦感受和情緒——不對抗，但用接納、擁抱、轉化來得到緩解。

悲

眞愛的第二個要素是karuna，譯成英文是compassion，悲心是減輕痛苦的能力——能去除或轉化痛苦。當摯愛的人痛苦，你很想去幫他，但如果你不會處理自己的痛苦，如何能夠幫助對方處理他的痛苦？我們首要能夠處理自己內心的痛苦。只要生起了痛苦的感受或情緒，能夠與它同在——不對抗，只是認識它。

我們可以學著擁抱並接納痛苦，運用正念、專注力和智慧來了解它的本質，得到緩解。佛陀的教法非常清楚而且具體，他不只教我們去愛，而是告訴我們如何去愛；他不曾說我們可以轉化痛苦，而是告訴我們如何一步一步去轉化。

我們不但需要認識內心的痛苦和困難，還需要下功夫處理並轉化它們。運用正念和專注力，我們便可滋養喜悅和快樂的感受。若懂得緩解的藝術，以及正念、專注力和智慧的藝術，那麼我們隨時都能生起喜悅和快樂的感受。

Compassion 一字並不能完全反映出 karuna 的意思，字首 com 意爲「一起」，「passion」意爲「受苦」，所以compassion的意思就是和對方一起受苦。但是悲心並不需要受苦，悲心是減輕痛苦的能力，是減輕自己和對方心中痛苦的能力。當你修習正念出入息，溫柔地與痛苦和憂傷同在，深入看到痛苦的本質，便能轉化痛苦，得到緩解。你不必受苦，不必和對方一起受苦，你們兩人都可以這樣修行。

假設你是一位懷有悲心的醫生，當病人前來主訴他的痛苦和恐懼，就算你是好醫生，也不必爲了對他好而與他一起受苦。

我們必須區別愛的意願和愛的能力。你可能很願意去愛，但如果那只是你唯一的動機，對方只會痛苦。所以愛的意願還不算愛，許多父母愛孩子，但是他們以愛之名，卻讓孩子痛苦，他們往往不能夠了解孩子的痛苦、困難、希望和抱負。我們必須自問：「我眞的了解對方才愛他，還是把一己的需要投射在他身上？」

愛不只是使對方快樂的意向或意願，而是使對方快樂的能力。愛的能力必須學習和培養，深入觀察自己，辨認自己內心的痛苦，如果你能認出、擁抱並轉化痛苦和困難，你就是愛自己的。根據那經驗，你便能幫助對方同樣帶來喜悅和快樂。

喜

喜或 mudita 是眞愛的第三要素。愛應該帶來喜悅，如果愛只帶來眼淚，爲什麼還要愛？如果你能帶給自己喜悅，就能帶給對方和世界喜悅。

Mudita 譯成英文是 sympathetic（同情心）或 altruistic joy（利他的喜樂），我不太同意這個翻譯，如果你沒有喜悅，就不能帶給他人喜悅。喜悅是你的，也是我的。眞正的修行人懂得如何帶給自己喜悅。不必談利他的喜悅，喜悅就是喜悅。如果你很喜悅，這喜悅又很健康，自然就能利他；如果你沒有喜悅，沒有朝氣，沒有笑容，就不會利益任何人；如果你有喜悅、朝氣常駐內心，即使什麼也不做，我們仍會從你獲益。

捨

眞愛的第四要素是upeksha，意爲平等或無分別，這是眞愛的基礎。在眞愛裡，愛人和被愛的人是沒有分別的，你的痛苦就是我的痛苦，我的快樂就是你的快樂。愛人和被愛的人是一。眞愛含有一種元素，就是放棄自我，快樂已不是一己之事，受苦也不再是一己之事，我們之間沒有區別。

Upeksha的另一種翻譯就是包容。眞愛不會排除任何人，如果你的愛是眞愛，不但有益於人類，也有益於動物、植物和礦物。只要你愛一個人，便有機會愛每個人、一切眾生，那麼你就朝著好的方向前進了，那就是眞愛的方向。如果你愛某人，卻陷於痛苦和執著，那麼你就與別人切斷了連繫，那可不是眞愛！

正念送給我們最深刻的禮物，是無分別的智慧。我們不是生來即賢聖，我們成賢成聖是因爲我們思想、言語和行爲的美德，修習眞愛的人擁有無分別的智慧，而且反映在他的一切行動上。你不分別自己、伴侶和一切人、一切眾生，心日漸廣大，愛沒有障礙。

培育眞愛的四要素——慈、悲、喜、捨，是滋養一份深刻而健康感情關係的祕訣。只要你固定修習這些要素，便能夠處理感情關係中的困難，轉化內心的痛苦。你就如佛陀，愛每個人、每位眾生。你在世界上的存在變得非常重要，因爲你的存在就是愛的存在。

8
眞　誓

莫親近違逆佛法之人，莫被牽往執著之途。若修行人尚未超越時間相，仍會陷入二元對立的見解。

（原文爲：「勿親遠法人，亦勿爲愛染，不斷三世者，會復墮邊行。」）

——《愛欲品》第二十三偈

經文集中討論愛欲和性欲，但此一教法可以同樣應用於對權力、名譽、金錢、美食，還有性行爲。我們知道如果吃某種特定的食物會消化不良，我們卻還是吃。要找到出路，就要小心表象。從外表來看，有些東西看來非常愉悅，但是我們必須深入觀察，用那種深入的理解來觀察我們渴望事物的表象，一旦了解它，便可克服貪愛。

當感官接觸到某個外境，我們便轉而注意它。很自然地，我們會對所注意的外境生起一種感受，感到愉悅、不愉悅或中性，這些感受帶來認知。若看到事物是不愉悅的，我們就想要排拒；若看到事物是愉悅的，就想去抓取。

我們最深的渴望，策動我們並決定我們所採取行動的方向，叫做「意願」、「想望」（volition）或「願」（aspiration），可以是正面，也可以是負面，這是使我們活著的能量，我們希望在生命中有所作爲。如果我們被慈悲和眞愛所激勵，我們就有清淨的志向；但如果欲望把我們推到一種負面環境或情況，不能帶給我們更多喜悅和慈悲，這樣，意志就不會滋養我們，反而會傷害我們。

在愛欲裡，想望可看似一種病，叫做「相思病」。我們沉迷於某種形象的影子，我們對他魂牽夢縈，一旦捲入了愛欲之網，我們所有的嚮往和認知都染上了愛欲之色。走路的時候想著它，坐著的時候想著它，看到月亮的時候也想起它，看雲的時候又想起它來。愛欲的心是一條瀑流，不是一個泥塊，這瀑流把我們的念頭、想蘊和每天的行爲都沖捲進去了。

最深刻的行願

我們的願是什麼？是覺醒、正念，還是減輕痛苦？我們眞想實現最深遠的願嗎？如果我們眞想達到自己的願，爲什麼要走一條相反的道路，讓自己沒有足夠的精力來修行，並且自利利人？

地藏菩薩體現了強大的行願。他曾發願：「只要有罪苦眾生之處，我都願去救度。幫助別人時，我感到充實、滿足而快樂。」有大願幫助他人，既利益他人，同時也感到充實和滿足。如你和伴侶都有深遠的大願，那麼你們不但會使對方快樂，還會給世界帶來更多快樂，那是你獨自一人辦不到的。

只要你的大願充滿正念和愛，這大願就稱爲菩提心、初心、愛之心，這是一種要幫助別人減輕痛苦並且覺醒的渴望，我們應該使這樣的願望日日堅定，如果意願剝蝕或衰退了，修行便不會成功。我們需要每天修行正念來實現願望，需要耐心地實踐發願，卻不錯失當下——我們享受當下，運用當下來實現最深的願望。

深願是精進的強大來源。我們若沒有願，就會凋萎，失去生命力。我們必須觀察內心生命力的來源，它夠強大了嗎？如果沒有足夠的精進，我們就不夠堅實，一場風暴就會把我們刮倒。

我們每個人心中都有一個偉大的生命，他是個平靜、充滿光明、理解、慈悲的人。這人帶著智慧之劍，可以切斷痛苦的鎖鍊。只要有深廣的智慧，便可看到自鎖鍊脫身的方法。我們發現必須有輕安和慈悲，才能愛人。我們可在沒有分心或干擾之下，喚醒心中這個偉大的人，實現我們眞正的願望。

當你和伴侶有一致的願望和修行，就沒有嫉妒的餘地，因爲你倆都非常忠於同樣的行願，無論對方做什麼事，你都會和他有志一同，你們分享一切，這就是捨的精神，它促使感情忠誠。

當然，你還是有你的自由，伴侶的自由也毫髮未傷。愛不是監獄，眞愛給我們許多空間，因爲你們在心靈上、情緒上和身體上都連結在一起，你們不需要永遠都在同一地點，做同樣的事情，你不會擔心今天摯愛的人在這裡，你卻在那裡。

喚醒內在的佛性

「佛陀」之名的意思就是「覺者」。當悉達多王子覺悟到周遭世界的實相，發願全心全意地活出每一剎那，正是三十五歲。我們在三十五歲的時候都還有許多性欲。在梅村，我們有許多年輕的比丘和比丘尼就像每個人一樣，都還有性欲，但是他們修習將那能量導引到他們的大願，而不被它操縱。我們甚至可以運用性欲走上心靈的道路，挖掘愛欲的根並不是除去性欲，相反的，智慧和慈悲令我們更善巧地處理性欲。覺醒是一種智慧，我們一旦有了智慧，雖仍有性欲的力量，卻可輕易處理。經文提到根除性欲的力量，這並不是說粗糙地切割或完全除掉。一旦生起不安的愛欲，我們懷著充分的智慧和愛來注意它，它便會消散，不再生長。

全時佛陀

當你開始修習正念，你就成了半時佛陀，漸漸你就成了全時佛陀；有時候你是佛陀，有時候又退步了，然後經過穩定的練習，你又重新成了佛陀。成佛是做得到的，因爲你跟佛陀同爲人類，你隨時可以成爲佛陀，此地，此時，一切時地。

當你還是半時佛陀，感情關係也許有時會發展得非常好；待你成了全時佛陀，你不僅會找到生命存在的方式，而且會在感情關係中全時感到快樂，無論其中有多少困難。

成佛沒那麼困難，佛陀就是覺者，能夠愛，也能寬恕，你知道自己有時候就是如此。因此只要有機會，就盡量享受做佛陀，所以，坐時，讓內心的佛陀也坐；行時，讓內心的佛陀也行，享受你的修行。如果你不成佛，還有誰能？

你必須做三件事才能成爲佛陀：你必須掙脫愛欲的枷鎖，決心追求我們最深的行願，以及從二元對立的思考解脫出來。

每一個人都有善良、慈心和覺醒的種子，我們內心都有佛性的種子。若要讓內心的佛陀有機會示現，我們必須澆灌種子。當我們視人們內心都有種子，就有了力量來幫助種子生長茁壯、開花；當我們不相信自己和他人有天生本具的良善，就會責備自己或他人造成自己的痛苦，而失卻快樂。

你可以用內心的良善來轉化痛苦和憤怒、殘酷和恐懼的習性，但別把痛苦拋了。痛苦是堆肥，供給智慧，爲自己和摯愛的人培養快樂。

9

忠　誠

離棄渴望，不再向著愛欲的軌道，我們便撕開了愛欲之網；再沒有什麼能傷害我們了。

（原文為：「為老死所伺，若犢求母乳，離欲滅愛兒，出網無所弊。」）

——《愛欲品》第二十一偈

跟另一個人定下來，就走上了探險的旅程。世上沒有所謂「對的人」會讓這旅程較容易走，你必須非常明智而且非常有耐心維持活生生的愛，愛才能持久。

感情關係定下來的頭一年裡，就已經顯露了這有多困難。當你首度承諾對方這份感情，他在你心中有一個美麗的形象，你其實是向那個形象承諾，而不是向那個人。當你和那個人一天二十四小時都住在一起，你會發現對方實際上並不符合你原以爲的形象，有時候你會失望。

感情關係一開始，你非常熱情，但那種熱情也許只持續很短一段時間，也許六個月、一年或者兩年。然後，如果你不夠善巧，如果你沒有修行正念、專注和智慧，痛苦很快就在你和對方身上生起。當你看到別人，你可能會想：跟他們在一起應會比較快樂。在越南，我們有一個說法是：「站在這山看那山，寧願站那山。」

無論你在結婚儀式上還是私下向伴侶許諾，通常都是因爲我們相信自己能夠、而且想要終其一生都非常忠誠，這是一個挑戰，需要持續而強大的修行。我們許多人周遭都沒有這樣一位感情忠誠的典範，美國的離婚率在百分之五十左右，沒有婚姻但互有承諾的伴侶分手的，也不相上下或稍高一些。

我們很容易拿自己和他人相較，而且不確知能否給這份感情關係貢獻什麼。許多人感到自己不夠格，我們渴望眞理、良善、慈悲、心靈的美麗，確定我們內心沒有這些特質，於是到外界去尋覓。有時候我們以爲找到了理想的伴侶，體現了一切眞善美，這個人也許是一位愛人、朋友或心靈導師，我們在那人身上見到所有的美好，於是我們墜入情網，過了一段時間之後，通常會發現我們對那個人的認識有誤，於是非常失望。

我們每一個人心中都有美與善，眞正的心靈伴侶能夠鼓勵你深入觀察自己，找到你一向追求的美與愛。眞正的老師會幫你認識內心的老師。

長出深根

若想保持感情的承諾，穿越最狂暴的風雨，我們需要極強大的根。如果等到跟伴侶有了磨擦才努力去解決，我們就還沒能建立夠強的根，頂住這衝擊。我們常常以爲我們很平衡，實際上，平衡非常脆弱，只要風刮到枝條末稍，我們就會被吹斷。杉樹的根非常深入地心，因此非常堅實而強壯；有些樹看起來非常穩定，卻經不起稍大風雨而摧折，有韌性的樹因爲扎根甚深，經歷大風大雨後仍然挺立。

第一根：信心

我們認爲一旦向對方承諾，便需要對他有信心，或相信他配得上我們的承諾，但其實對方是優缺點兼而有之的人，跟所有人一樣。如果我們把信心放在神的身上，也許後來會失去信心；如果把信心放在一個人身上，也可能對那人失去信心。我們應對更穩定、更持久的事物懷有信心，我們需要對自己和內在的佛陀有信心。

當我們看到人類有能力創造快樂，就會對自己的佛性懷有信心。這信心不是理論，而是現實。我們可環顧四周，許多人活得快樂而慈悲，有能力使人快樂；反之，若沒有能力去了解、去愛，不但自己痛苦，也使他人痛苦。

在《卡拉瑪經》（*Kalama Sutra*）❶中有一段說到一位年輕人問佛陀：

❶見增支部三．六十五經。又有譯為《噶拉瑪經》、《羯臘摩經》、《卡臘摩經》、《迦摩羅經》等。

「許多心靈導師來到這裡，宣稱他們教導的才是正道，我們應追隨他們。弄得我們簡直不知如何是好。佛陀，請告訴我們何去何從！」

佛陀說：「莫因精神導師所言而輕易相信，莫因經典記載而輕易相信，莫因人人都相信而輕易相信，莫因傳統而輕易相信。我們聽到訊息，應該仔細檢視、了解、應用。如果我們應用之後有所成果，就可以生起信心；如果沒有成果，就不應只因爲傳統、經典或精神導師而輕易相信。」

第二根：修行

無論我們多想有一份健康的感情定下來，都會有眾多外來的訊息鼓動我們追求貪愛。我們帶著許多老舊習性，如果不修習正念，貪愛和愛欲就會吞沒我們。快樂是由正念、專注力和智慧所組成，每一次我們修行了坐禪、行禪、覺知呼吸、愛語、深度聆聽或其他正念的修行，我們的根就長得更強壯深入、更堅牢、更有力量。

如果我們修行了有自覺的呼吸，內心的混亂和哀傷就會平靜下來。如果我們一開始的修行不太成功，也會繼續堅持下去，直到看到成果爲止。只要看到修行奏效，信心就會漸漸滋長。信心總是以經驗爲證據，並不只因他人重複做了許多次就能輕信。

第三根：社區支援

若在這份感情關係裡，你和伴侶都有同樣的願望，那麼你們便合而爲一了，一起成爲愛與平靜的載具。無論做什麼事，你們都一起做，因爲你們是一個社區，是兩個人、三個人或四個人，甚或一百個人的僧團。有志一同，就更能相互了解、更相愛、更快樂。

佛陀在證悟以後，第一件事就是找到他當年一起修行的人來建立僧團。我們有了皈依處才會快樂。我住在法國西南部梅村禪修中心（Plum Village Meditation Practice Center），這是一所比丘、比丘尼和在家居士的社區，我的社區是我真正的家。即使你們只有兩人，若能以喜悅和正念互相滋養，你就有了一個僧團，一個正念的社區。如果你家只有兩個人，便是最小的僧團；如果有了孩子，你就有三個僧團成員；如果你和更多人住在一起，那你就有四、五個或更多人的僧團。你的家庭（family）就是你的家宅（home），你的皈依處。

只要我們對自己建立的兩人或兩人以上的社區具有信心，到天涯海角都自在。僧團就像泥土，可以吸收許多養分，保持深根，這些根可以一直延伸到整個社區。當我們的根深入僧團，我們便從僧團吸收營養，增加力量，保持挺立。

只要信心、修行、社區支援三根深深地滋養我們，我們無論是獨自一人，還是在感情關係裡，都會非常堅強。我們不僅只生存，還會茂盛，再大的暴風雨也吹不倒。我們在日常生活裡往往只專心一志於生存，但是忠誠並不是生存的問題，而是一個生命力的問題。

兩座花園

你有兩座花園，一座是你自己的，一座是摯愛之人的。首先，你必須照管自己的花園，熟稔園藝技巧。我們每個人內心都有鮮花和垃圾，垃圾是內心的憤怒、恐懼、分別和嫉妒，如果你澆灌垃圾，就加強了負面的種子；如果你澆灌慈悲、智慧和愛的種子，就加強了正面的種子——全看你要種什麼。

如果你不懂得如何選擇性地澆灌花園，你的智慧就不足以幫助摯愛的人澆灌園裡的花草。只要你能培育自己的花園，你就能助他培育花園。

就算爲期一週的修行，都會使你大大不同，你做得到的！每次正念行禪，每一步都投注你的身心，情況就掌握在你的手上了。每一次吸氣，知道自己在吸氣，每一次呼氣，對自己呼氣微笑，你就是你自己，也是自己的主人、自己花園的園丁。靠著你好好照管花園，才能幫助摯愛之人照管他的花園。

如果這份感情關係很艱難，你想跟對方和平相處，就必須先回到自己的家，回到自己的花園，培植平靜、慈悲、智慧和喜悅的花朵，只有這樣，你才能陪在摯愛的人身邊，耐心而慈悲。

你一旦給對方承諾，就是承諾要一起成長，分享修行的成果和過程。我們有責任照顧彼此，每次對方邁向改變和成長的方向，我們都應表示激賞。

如果你跟伴侶在一起好幾年了，你可能覺得這個人的大小事你都知道，但恐非如此。科學家可以研究一撮微塵好幾年，還不敢宣稱了解那微塵的一切，如果微塵都那麼複雜，你怎可能了解對方的一切？伴侶需要你照管並澆灌他的正面種子。不那樣照管，感情就會枯萎。

我們必須學習創造幸福的藝術，如果兒時曾目睹父母在家庭中怎樣創造幸福，你便已知怎麼做了。但我們許多人並沒有這種典範。問題倒不在於對錯，而在於善不善巧。同住是一種藝術，即使有許多善意，還是可能令對方不快樂。正念是畫筆，畫出快樂的藝術。只要有正念，我們會更善巧，幸福將會盛放。

我們眞正的家

我們都在找尋安全而舒適的處所，一處我們可以做自己的家。只要我們對正念更熟稔，並佈下忠誠的根，我們就可在伴侶面前放鬆。只要找到眞正的家，所有不安和尋覓都煙消雲散了。

眞正的家在內心，當我們深入而誠實地觀照自己的痛苦、能量和見解，會因爲身體自在而找到一種平靜。但眞正的家不只在內心，一旦自己自在了，便可以開始深入聆聽摯愛之人的痛苦，開始懂得他們的經驗和見解，於是我們便成爲對方眞正的家。在越南，結過婚的人都稱對方「我家」。若有人問一位丈夫：「你太太在哪？」他會回答：「我家在郵局辦事。」若有人問一位妻子她的某個物品是從哪來的，她會說：「我家做的。」當丈夫叫喚妻子：「我家呢？」妻子回說：「我在這裡。」

如果我們修行正念，我們內心眞正的家與跟伴侶一起打造的眞正的家不會有衝突，沒有分別，沒有貪愛。在眞正的家中，我們在一起，只有放鬆、解脫和喜悅。

愛欲品

1

當心邁向了愛欲的方向，性愛的樹便拔地而起，而且迅速冒出芽來。於是內心散亂了，因爲愛欲的目標在內心燃起猛烈的火。尋求愛欲的人有如猿猴尋找果子，從一根枝條躍上另一根枝條。

（心放在淫行，欲愛增枝條，分佈生熾盛，超躍貪果猴。）

2

愛欲令我們受苦，捆綁在世間，愛欲帶來的憂慮和苦患日夜滋生，如蔓草盤根錯節。

（以爲愛忍苦，貪欲著世間，憂患日夜長，莚如蔓草生。）

3

若爲執著所蒙蔽，遲早墮入愛欲。焦慮日益升高，猶如滴水逐漸充滿水池。

（人爲恩愛惑，不能捨情欲，如是憂愛多，潺潺盈于池。）

4

生命中有許多憂慮和哀傷，莫大於愛欲帶來的哀傷。唯有修行人能夠放下欲礙，釋放一切憂慮。

（夫所以憂悲，世間苦非一，但爲緣愛有，離愛則無憂。）

5

如果我們要快樂和喜悅，就必須決心放下執著……，沒有執著，就有眞正的平靜和喜悅。

（己意安棄憂，無愛何有世？不憂不染求，不愛焉得安。）

6

如果我們曾深陷於愛欲，臨命終時，親人環繞，我們會看到在自己面前還有長長的憂慮痛苦之途，愛欲所帶來的痛苦常造成險況和災難。

（有憂以死時，爲致親屬多，涉憂之長塗，愛苦常墮危。）

7

修行人不應走上愛欲的方向，我們要連根拔除愛欲之根，使其根不再發芽。這不像割除地面雜草那麼容易。

（爲道行者，不與欲會，先誅愛本，無所植根，勿如刈葦，令心復生。）

8

愛欲的根既深且固，樹雖砍了，枝葉又冒出新芽來。如果沒有連根拔除愛欲，它所引起的痛苦還會回來。

（如樹根深固，雖截猶復生，愛意不盡除，輒當還受苦。）

9

猶如猿猴從一棵樹躍上另一棵樹，眾人也從一所感官囚牢躍入另一所感官囚牢。

（猿猴得離樹，得脫復趣樹，眾人亦如是，出獄復入獄。）

10

愛欲之心猶如溪流，流在習性和憍慢的水道上，我們的念頭和認知被愛欲的色彩染污。我們對自己覆藏實相，於是看不到實相。

（貪意爲常流，習與憍慢並，思想猗淫欲，自覆無所見。）

11

心流不間斷地自由流動，或發展、或阻礙愛欲之結。唯有眞正的智慧能夠清楚分別實相，助我們斷除內心的愛欲之根。

（一切意流衍，愛結如葛藤，唯慧分別見，能斷意根原。）

12

愛欲之流瀰漫充斥著我們的念頭和想蘊，越來越強大。和愛欲糾纏在一起，源頭是深不見底的。有了愛欲，老、死迅速到眼前來。

（夫從愛潤澤，思想爲滋蔓，愛欲深無底，老死是用增。）

13

愛欲之樹的枝條不斷生長，爲其營養所滋養，堆成仇怨的土丘。缺乏智慧的人常汲汲營營朝著那方向邁步。

（所生枝不絕，但用食貪欲，養怨益丘塚，愚人常汲汲。）

14

智者不會視牢獄中的手鐐腳銬是最嚴厲的管制，執著的鎖鍊才是捆綁最牢的結。

（雖獄有鉤鍱，慧人不謂牢，愚見妻子息，染著愛甚牢。）

15

智者知道愛欲是最嚴密的囚牢，難以脫逃。他們知道，只有根絕愛欲，才能得到平靜。

（慧說愛爲獄，深固難得出，是故當斷棄，不視欲能安。）

16

若我看到一個形象而被它吸引，那是因爲不懂得思惟無常。由於無明，我們以爲色相是清淨而美麗的，我們不知道表象之中並不含有任何眞實而持久之物。

（見色心迷惑，不惟觀無常，愚以爲美善，安知其非眞？）

17

我們把自己囚禁在愛欲裡，就好像蠶織著自己的繭。智者可以切斷引發欲望的認知，只要冷眼以對愛欲的目標，就可以避免一切痛苦。

（以淫樂自裹，譬如蠶作繭，智者能斷棄，不眄除眾苦。）

18

我們的心念放逸，把愛欲的目標看成非常純淨，不知日益增長的愛執使我們不得解脫，造成許多痛苦。

（心念放逸者，見淫以爲淨，恩愛意盛增，從是造獄牢。）

19

具有正念之人能看清愛欲的目標有不淨的本質，因此可以放下欲望，逃離囚牢，得免老、死的過患。

（覺意滅淫者，常念欲不淨，從是出邪獄，能斷老死患。）

20

把自己綁在愛欲的網上，或以它爲傘來覆蓋自己，就是把自己綁在執著的輪迴上，如魚游向自己佈下的陷阱。

（以欲網自蔽，以愛蓋自覆，自恣縛於獄，如魚入笱口。）

21

離棄渴望，不再向著愛欲的軌道，我們便撕開了欲愛之網；再沒有什麼能傷害我們了。

（爲老死所伺，若犢求母乳，離欲滅愛兒，出網無所弊。）

22

智者完成修道，從一切執著和痛苦中解脫，從一切分別中解放，超越了二元對立的見解。

（盡道除獄縛，一切此彼解，已得度邊行，是爲大智士。）

23

莫親近違逆佛法之人，莫被牽往執著之途。若修行人尚未超越時間相，仍會陷入二元對立的見解。

（勿親遠法人，亦勿為愛染，不斷三世者，會復墮邊行。）

24

只要我們理解佛陀的教法，便會看到並了解事物的眞實本質，卻不會捲入。

（若覺一切法，能不著諸法，一切愛意解，是為通聖意。）

25

教導正法是最珍貴的禮物，倫理的香氣最香，根據正法生活是無上的快樂，不再陷於愛欲是對痛苦的絕對勝利。

（眾施經施勝，眾味道味勝，眾樂法樂勝，愛盡勝眾苦。）

26

愚人常用愛欲之繩把自己綑綁起來，他們還不想度至彼岸。貪愛造成腐化，害自己和他人造成很大的不幸。

（愚以貪自縛，不求度彼岸，貪爲敗處故，害人亦自害。）

27

貪愛的心如泥土，貪瞋癡爲種子。能夠布施並救度他人者，會收穫很多快樂。

（愛欲意爲田，淫怨癡爲種，故施度世者，得福無有量。）

28

同伴很少，貨物很多，商人就又焦慮又害怕了。智者不會追逐欲望，知道貪圖愛欲即是毀害生命的敵人。

（伴少而貨多，商人怵惕懼，嗜欲賊害命，故慧不貪欲。）

29

當心感到愉悅，便生起五欲，眞正的勇士迅即止息這些欲望。

（心可則爲欲，何必獨五欲，違可絕五欲，是乃爲勇士。）

30

只要欲望止息，就不再恐懼，便得到眞正的解脫、安詳、快樂。若修行人沒有欲望和內心造作，他便從淵藪中解脫。

（無欲無有畏，恬惔無憂患，欲除使結解，是爲長出淵。）

31

親愛的愛欲，我知道你從哪裡來的。想要的心來自匱乏和錯誤的認知。我既對你沒有渴望和錯誤的認知，你怎麼能生起呢？

（欲我知汝本，意以思想生，我不思想汝，則汝而不有。）

32

如果不把愛欲之樹連根刨去，它會再度生長出來；如果比丘或比丘尼完全將之連根拔起，他或她便證入涅槃。

（伐樹忽休，樹生諸惡，斷樹盡株，比丘滅度。）

33

如果不願砍伐愛欲之樹，樹的枝葉就會生長廣大；如果我的心陷入愛欲，便仍像牛犢需要母牛的乳房。

（夫不伐樹，少多餘親，心繫於此，如犢求母。）

修　行

正念呼吸

吸氣，令身平靜。
呼氣，微笑。
安住當下，
我知道這是美好時光。

我們在一天任何時刻都能自覺地呼吸。只要在覺知呼吸時，就可一面念誦：「吸氣，令身平靜。」這句話像飲下一杯冷水，你會感到涼冽新鮮瀰漫全身。當我吸氣並念誦這個句子，覺得呼吸眞的能平靜身心。「呼氣，微笑。」微笑可以放鬆臉部幾百條肌肉，且令你充分掌握自己，因此佛和菩薩總是帶著微笑。

「安住當下，我知道這是美好時光。」我坐著，不想其他事，我坐著，知道我在哪裡，坐著，穩穩地、自在地，回到自己——回到呼吸，回到微笑，回到眞實的本質，這眞是一種愉悅，我們可以細品這些時刻。我們可以自問：「如果我現在沒有平靜和喜悅，還有什麼時候會有平靜和喜悅——明天？還是明天以後？什麼讓我現在沒法快樂？」我們可以把句子縮短，說：「平靜、微笑、當下、美好時光。」無論我們在哪，無論在做什麼，都可以回到自己，練習自覺地呼吸。

五項正念修習

無論出家人或在家人，每個人都可以實踐五項正念修習❶。正念是能量，可以讓我們回到自己的家，置身此時此地，這樣你就知道該做什麼、不該做什麼，善護自己，建立自己眞正的家，轉化你的煩惱，成爲他人的家。

五項正念修習是修習正念非常具體可行的方法。

我們仔細學習五項正念修習，便可看到持守它們的道路就是眞愛的道路。第一項正念修習是愛的修行，第二項、第三項、第四項到第五項也都是，正念修習使你聖潔，我們所有人都有可能聖潔。

第一項正念修習：尊重生命

覺知到殺害生命所帶來的痛苦，我承諾培養相即的智慧和慈悲心，學習保護人、動物、植物和地球的生命。我絕不殺生，不讓他人殺生，也不會在思想或生活方式上支持世上任何殺生的行爲。我知道暴力行爲是由恐懼、貪

❶此處五項正念修習自五戒延伸而來：不殺、不偷盜、不邪淫、不妄語、不飲昏亂神志之物。

婪和缺乏包容所引起，源自於二元思想和分別心。我願學習對於任何觀點、主張和見解，保持開放、不歧視和不執著的態度，藉以轉化我內心和世界上的暴力、盲從和對教條的執著。

第二項正念修習：真正的幸福

覺知到社會不公義、剝削、偷竊和壓迫所帶來的痛苦，我承諾在思想、說話和行爲上修習慷慨分享。我絕不偷取或占有任何屬於他人的東西。我會和有需要的人分享我的時間、能量和財物。我會深入觀察，以了解他人的幸福、痛苦和我的幸福、痛苦之間緊密相連；沒有了解和慈悲，不會有眞正的幸福；追逐財富、名望、權力和感官上的快樂，會帶來許多痛苦和絕望。我知道眞正的幸福取決於我的心態和對事物的看法，而不是外在的條件。如果能夠回到當下此刻，我們會覺察到快樂的條件已然具足；懂得知足，就能幸福地生活於當下。我願修習正命，即正確的生活方式，藉以幫助減輕眾生的苦痛和逆轉地球暖化。

第三項正念修習：真愛

覺知到不正當的性行爲所帶來的痛苦，我承諾培養責任感，學習保護個人、家庭和社會的誠信和安全。我知道性欲並不等於愛，基於貪欲的性行爲會為自己和他人帶來傷害。如果沒有真愛，沒有長久和公開的承諾，我不會和任何人發生性行為。我會盡力保護兒童免受性侵犯，同時防止伴侶和家庭因不正當的性行為而遭受傷害與破壞。認識到身心一體，我承諾學習用適當的方法照顧我的性能量，培養慈、悲、喜、捨這四個真愛的基本元素，藉以令自己和他人更加幸福。修習真愛，我知道生命將會快樂、美麗地延續到未來。

第四項正念修習：愛語和聆聽

覺知到說話缺少正念和不懂得細心聆聽所帶來的痛苦，我承諾學習使用愛語和慈悲聆聽，為自己和他人帶來快樂，減輕苦痛，以及為個人、種族、宗教和國家帶來平安，促進和解。我知道說話能帶來快樂，也能帶來痛苦。我承諾眞誠地說話，使用能夠滋養信心、喜悅和希望的話語。當我感到憤怒時，我絕不講話。我將修習正念呼吸和正念步行，深觀憤怒的根源，尤其是我的錯誤認知，以及對自己和他人的痛苦缺乏理解。我願學習使用愛語和細心聆聽，幫助自己和他人止息痛苦，找到走出困境的路。我絕不散播不確實的消息，也不說會引起家庭和團體不和的話。我將修習正精進，滋養愛、了解、喜悅和包容的能力，逐漸轉化深藏於我心識之內的憤怒、暴力和恐懼。

第五項正念修習：滋養和療癒

覺知到沒有正念的消費所帶來的痛苦，我承諾修習正念飲食和消費，學習方法以轉化身心和保持身體健康。我將深入觀察我所攝取的四種食糧，包括飲食、感官、意志和心識。我絕不投機或賭博，也不飲酒、使用麻醉品或其他含有毒素的產品，例如某些網站、電子遊戲、音樂、電視節目、電影、書刊和談話。我願學習回到當下此刻，接觸在我之內和周圍清新、療癒和滋養的元素。我不會讓後悔和悲傷把我帶回過去，也不會讓憂慮和恐懼把我從當下此刻拉走。我不會用消費來逃避孤單、憂慮或痛苦。我將修習觀照萬物相即的本性，學習正念消費，藉以保持自己、家庭、社會和地球上眾生的身心平安和喜悅。

選擇性澆灌

選擇性澆灌的修行，會令我們心中正向的種子生長，給予內心力量和活力。我們讓負面的種子稍安勿躁，讓出一些空間給營養進入，於是，我們可更自在、更清明、更善巧地深入觀察困局。

你摯愛的人內心有各種各樣的種子：喜悅、痛苦和瞋怒。如果你澆灌他的瞋怒，那麼五分鐘以內，就可以把他的憤怒引生出來；如果你知道如何澆灌他的慈悲、喜悅和智慧，那麼這些種子就會生長。如果你認出他內心的好種子，你就澆灌了他的自信，他會成爲自己快樂的來源，也成爲你快樂的來源。

選擇性澆灌的修行有四部分。首先，我們讓負面種子在藏識❷（store consciousness）中睡眠，沒有機會現行；它們若太常現行，根基就越來越強大。第二，如果負面種子現行，我們盡快幫它回去睡眠，我們可用另一心行來替代——這是正精進的第三個修行。第四，當好的心行現行，我們盡可能留它越久越好。正如好友到訪，全家不亦樂乎，自然想留他多住幾天。❸

我們可同樣幫助對方，改變他的心行。如果他的瞋怒或恐懼現行，我們可以澆灌他內心好的種子，讓它現行，取代其他心行。有了這種修行，加上僧伽的幫助，我們可以幫助這些種子容易現行。我們在生活中可安排一天數次接觸並澆灌好的種子，那些尚未有機會現行的好種子，現在我們給它機會現行。

爲了不再澆灌彼此心中的負面種子，我們應相互承諾：「親愛的，我知道你心中有瞋怒的種子，我知道每次我澆灌那種子，你就痛苦，我也很痛

❷瑜伽行派對原始佛法的六識進一步細分為八識，第八識的梵文為ālaya-vijñāna，意譯為藏識，音譯則為阿賴耶識。此識能受熏習，持習氣種子，末那識（第七識）以阿賴耶識為愛執之處。

❸此指八正道中的正精進，又稱四正勤：未生惡令不生，已生惡令斷，未生善令生，已生善令增長。

苦，所以我發誓不再澆灌你心中瞋怒的種子，我也承諾不再澆灌自己心中瞋怒的種子。你能不能也做同樣的承諾？日常生活中，讓我們不要讀、看、消費一切會澆灌瞋怒和暴力種子的事物。你知道我內心瞋怒的種子很強大，每次你做或說什麼而澆灌了它，我受苦，你也受苦。因此，我們不要澆灌彼此心中的那些種子。」

慈心禪

愛，首先是如實接納自己。因此在這個愛的禪修中，第一個愛的修行是

「認識自己」。當我們修習慈心禪，會看到「我們之所以成為我們」的因緣條件，這令我們容易接納自己，包括我們的痛苦與快樂。

我們以「願我……」的希願起頭，然後超越發願的層次，深入觀照禪修的目標——此處指我們自己，包括一切正面和負面的特性。願意去愛還不算愛，我們要用整個生命深入觀察來了解。我們毋須模仿他人，或努力追求某種理想，愛的修行不是自我暗示。我們並非只是重複念誦字詞：「我愛自己，我愛一切眾生。」而是深入觀察色蘊、受蘊、想蘊、行蘊和識蘊。每日練習愛的發願，不消幾個星期，就會變成一個非常深刻的作意，愛就會進入我們的思想、言語、行爲，然後我們就會注意到身心變得更平靜、快樂而且輕安，不易受傷害，不易憤怒、煩惱、恐懼和焦慮。

只要我們修行，就會觀察到自己已經有多少平靜、快樂和輕安，也會注意到自己是否因爲意外或不幸而感到焦慮，或者內心已有多少憤怒、惱恨、恐懼、焦慮。只要我們越認識內心的感受，就會越了解自己。我們會看到恐懼和缺乏平靜令自己不樂，也會看到愛自己和培育慈悲心的價值。

在這個愛的修行中，「憤怒、煩惱、恐懼和焦慮」指一切不淨的、負面的心所，使我們不能平靜和快樂。憤怒、恐懼、焦慮、貪愛、貪欲和無明是我們這個時代最嚴重的煩惱。只要秉持正念來生活，我們就能夠處理它們，我們的愛就化爲很管用的行動。

要修行這個愛的禪修，坐著不動，將身體和呼吸平靜下來，如對自己念誦，坐姿是練習這個禪修的最佳姿勢。你坐著不動，就不會被其他事分了心，可以如實深入觀照自己，培育對自己的愛，決定你如何把這份愛向世界充分表達出來。

願我身心平靜、快樂和輕安。

願她身心平靜、快樂和輕安。

願他身心平靜、快樂和輕安。

願他們身心平靜、快樂和輕安。

願我安全，不會受傷。
願她安全，不會受傷。
願他安全，不會受傷。
願他們安全，不會受傷。

願我沒有瞋恨、煩惱、恐懼和焦慮。
願她沒有瞋恨、煩惱、恐懼和焦慮。
願他沒有瞋恨、煩惱、恐懼和焦慮。
願他們沒有瞋恨、煩惱、恐懼和焦慮。

先對自己修習這個愛的禪修，用「我」這個字。你要能愛自己、照顧自己之後，才可能利人。之後，練習他人（他／她、他們），首先練習你喜歡的人，再練習中性的人，然後是你愛的人，最後是讓你受苦的人。

五種覺知

這些偈句可以給任何人在任何時間當做護衛感情關係的修行，許多人已經用在婚禮和結合儀式❹上，有些夫妻喜歡每星期都一起念誦。如果你有一

❹為一種類似婚禮的儀式，雙方借此確立兩人的愛情，互相承諾履行婚姻義務。尤指不承認同性婚姻的國家或司法區域中，同性伴侶所舉行的儀式。這種關係並不為法律承認或保護。

個小磬，你可以每念完一個偈句就敲出一個聲響，安靜地呼吸幾次，再進入下一句。

一、我們覺知歷代祖先和未來一切子嗣都在我們之內。

二、我們覺知祖先、子嗣和後世子嗣對我們的期望。

三、我們覺知自己的喜悅、平靜、解脫與和諧，也是祖先和子嗣的喜悅、平靜、解脫與和諧。

四、我們覺知了解是愛的基礎。

五、我們覺知責怪或爭議無益，只會造成我們之間更大的嫌隙。只有了解、信任和愛能使我們改變和成長。

重新開始

在梅村，我們每星期都修習一種重新開始的儀式，大家圍坐成圓圈，在中心有一瓶鮮花。等輔導者開始之前，我們都會專注跟隨呼吸。這個儀式有三部分：爲鮮花澆水、表達懺悔、表示受傷的感覺和困難。這個修行可讓人不致累積幾星期之內的受傷感覺，也使情況對社區內每一個人都比較安全。

我們一開始先澆花。有人準備要講話了，她就合掌，其他人也合掌表示她有說話的權利。然後她站起來，慢慢走到花前，手上拿著花瓶回到位子上。講話時，話語反映出花朵的新鮮和美麗。澆花的時候，說話人認識到他人的清淨、美妙的品質，這不是阿諛諂媚，因爲我們都說眞實語，每個人都有一些強項，運用覺知就看得出來。沒有人可以打斷手上捧著花的人，她想講多久就講多久，其他人都深入聆聽。講完了，就站起來，把花瓶放回房間中央。

儀式的第二部分中，我們對自己曾經傷害過的人表達懺悔。一句無心的話就可傷人，重新開始的儀式是個良機，幫我們記起這星期早先的懊悔，然後放掉。

儀式的第三部分中，我們表達其他人傷害我們的地方。愛語很重要，我們要療癒社區，不傷害社區。我們說誠實語，卻不含毀滅性。聆聽的禪修是這個修行中非常重要的一部分，當我們和修持深入聆聽的朋友一起圍坐成圓圈，話語會變成非常美麗、非常有建設性。我們從不責難或爭論。

慈悲聆聽非常重要，我們懷著去除對方痛苦的意願而不評斷或爭論，我們用所有的專注力來傾聽，即使我們聽到有些部分不是眞的，仍繼續深入聆聽，讓對方完全表達痛苦，並且解除內心的緊繃。如果回答他或者糾正她，這修行就不會有成果。我們僅只是聆聽。如果需要告訴對方她的認知並不正確，我們可以在幾天之後私下而平靜地說，那麼在下一次重新開始的時段中，她便有機會改正錯誤，我們就不需要再說什麼了。最後，我們唱一首歌或一起圍坐成圓圈做幾分鐘專注呼吸來結束儀式。

擁抱禪

擁抱禪是我發明的。一九九六年一位女詩人送我去亞特蘭大機場，然後問我：「可不可以抱一抱佛教比丘？」在我的國家裡，我們並不習慣這樣表達自己，但我想：「我是禪師，這樣做應該沒有問題。」所以我說：「有何不可呢？」於是她抱了抱我，但是我很僵硬。在飛機上，我決心如果要在西方弘法，我必須學習西方的文化，於是我發明了擁抱禪。

擁抱禪是一種東西方的結合。根據修行，擁抱時你必須真正擁抱，你必須讓他非常眞實地在你的懷裡，而不是只是外表看起來像擁抱，拍拍背假裝你在當場，而必須用整個身體、心智和心靈自覺地呼吸和擁抱。擁抱禪是一種正念的修行：「吸氣，我知道我親愛的人在我懷裡，活生生的；呼氣，他對我非常珍貴。」如果你這樣深度呼吸，把你所愛的人抱在懷裡，關懷、愛、正念的能量就會穿透對方，他就受到滋養，如花盛開。

和平條約與和平備忘錄

和平條約不只是一張紙，而是「執子之手，與子偕老」的修行。合約由兩部分組成，一份給生氣的人，另一份給使對方生氣的人。

和平條約

爲了「執子之手，與子偕老」的修行，爲了能持續成長並加深愛和了解，以下簽約人，誓遵守並且修習以下事項。

我——生氣的人——同意：

1. 不說或做任何引起進一步的傷害並升高憤怒之事。
2. 不壓抑憤怒。
3. 練習出入息，把自己當做皈依的島洲。
4. 在二十四小時之內，把憤怒和痛苦平靜地告訴引起你生氣的人，或用口說，或呈遞和平備忘錄。

5.在這個星期稍後訂個約會（也就是星期五晚上），更全面地討論，用口說或用和平備忘錄。

6.不要說：「我不生氣，沒有關係，我沒有受苦，這件事不值得生氣，至少不值得讓我生氣。」

7.修習專注呼吸並深入觀照日常生活——行、住、坐、臥，觀察：

a.我自己有時候並不善巧；

b.我因爲自己的慣性習氣而傷害了對方；

c.我生氣的主要原因是：我內心有多少強烈的瞋怒種子；

d.我生氣的次要原因是：對方的痛苦澆灌了我憤怒的種子；

e.對方只是尋求解脫他自己的痛苦；

f.只要對方受苦，我就沒有眞正的快樂。

8.一旦認識到我不善巧和缺乏正念之處，立刻道歉，不要等到星期五晚上。

9.如果我和對方見面時會不夠平靜，那就推遲星期五的會面。

我——使對方生氣的人——同意：

1.尊重對方的感受，不要諷刺他，讓他有足夠的時間平靜下來。

2.不要催促他立即討論。

3.確定對方要求會面，用口說或書面備忘錄，對他保證我會到場。

4.修習呼吸，把自己當做皈依的島洲，觀察：

如果我們、伴侶和家人不想受苦，不想陷於責難和爭吵，便可簽署這項和平條約。根據條約的第四條，我們有二十四小時來使自己平靜下來，然後我們必須告訴對方我們生氣了。我們沒有權利生比二十四小時還長的氣，果眞如此，怒氣就有毒了，可能會毀滅我們和摯愛的人。如果我們對這樣的修行很熟練，也許在五分鐘、十分鐘以內，就可以告訴對方，但是上限是二十四小時。我們可以說：「親愛的朋友，你今天早上說的話讓我非常生氣。希望你知道我非常痛苦。」

根據第五條，我們可用這樣的句子做結尾：「希望在星期五晚上，我們雙方都有機會深入觀照這件事。」然後我們訂一個約會，不管炸彈是大是小，星期五晚上都是一個拆除引信的好時間，於是我們就可輕鬆享受整個週末。

如果我們覺得跟對方說話還不太安全，不能平靜地做這件事，而且二十四小時的截止期限就要到來，我們可以用這份「和平備忘錄」：

和平備忘錄

日期：＿＿＿＿＿

時間：＿＿＿＿＿

親愛的＿＿＿＿＿：今天上午（下午）你說（做）的事情讓我非常生氣。希望你知道我非常痛苦。你說（做）了：＿＿＿＿＿＿＿＿＿＿＿＿＿。

請讓我們雙方都在星期五晚上，平靜而開放地一起觀察、檢視一下你所說（做）的事。

此刻不太高興的＿＿＿＿＿

翻譯說明

《愛欲品》係由一行禪師從漢譯《法句經》[5]譯爲越南文，眞定嚴法師等譯爲英文。感謝眞法流法師等翻譯本書所收錄的開示。

本書所引之《愛欲品》係摘自漢譯《法句經》，大正新脩大藏經（Taisho Tripitaka）No. 210，計有三十九章、七五二偈。可跟大正新脩大藏經（Revised Taisho Tripitaka）No. 213漢譯《法集要頌經》（Udanavarga）

---

[5] 法句，即巴利語Dhammapada的義譯。Dhamma為佛陀所說的教法，pada指段、句、道。Dhammapada可以譯為佛法語段、佛法語句、佛法之道等。

以及巴利文《法句經》第二十六章、四〇三偈比對。漢譯《法句經》譯於西元三世紀，漢譯《法集要頌經》譯於西元十世紀，故前者較後者早七百年。❻

❻謹將三種版本的《愛欲品》全文附錄於後，備供參考。

附　錄

大正新脩大藏經（Taisho Tripitaka）第四冊 No. 210，本緣部

《法句經》

尊者法救撰，吳天竺沙門維祇難等譯

愛欲品，法句經第三十二，三十有三章

愛欲品者，賤淫恩愛，世人爲此，盛生災害。

543 心放在淫行，欲愛增枝條，分佈生熾盛，超躍貪果猴。

544 以爲愛忍苦，貪欲著世間，憂患日夜長，莚如蔓草生。

545 人爲恩愛惑，不能捨情欲，如是憂愛多，潺潺盈于池。

546 夫所以憂悲，世間苦非一，但為緣愛有，離愛則無憂。

547 己意安棄憂，無愛何有世？不憂不染求，不愛焉得安。

548 有憂以死時，為致親屬多，涉憂之長塗，愛苦常墮危。

549 為道行者，不與欲會，先誅愛本，無所植根，勿如刈葦，令心復生。

550 如樹根深固，雖截猶復生，愛意不盡除，輒當還受苦。

551 猿猴得離樹，得脫復趣樹，眾人亦如是，出獄復入獄。

552 貪意為常流，習與憍慢並，思想猗淫欲，自覆無所見。

553 一切意流衍，愛結如葛藤，唯慧分別見，能斷意根原。

554 夫從愛潤澤，思想爲滋蔓，愛欲深無底，老死是用增。

555 所生枝不絕，但用食貪欲，養怨益丘塚，愚人常汲汲。

556 雖獄有鉤鍱，慧人不謂牢，愚見妻子息，染著愛甚牢。

557 慧說愛爲獄，深固難得出，是故當斷棄，不視欲能安。

558 見色心迷惑，不惟觀無常，愚以爲美善，安知其非眞？

559 以淫樂自裹，譬如蠶作繭，智者能斷棄，不盻除眾苦。

560 心念放逸者，見淫以爲淨，恩愛意盛增，從是造獄牢。

561 覺意滅淫者，常念欲不淨，從是出邪獄，能斷老死患。

562 以欲網自蔽，以愛蓋自覆，自恣縛於獄，如魚入笱口。

563 爲老死所伺，若犢求母乳，離欲滅愛兒，出網無所弊。

564 盡道除獄縛，一切此彼解，已得度邊行，是爲大智士。

565 勿親遠法人，亦勿爲愛染，不斷三世者，會復墮邊行。

566 若覺一切法，能不著諸法，一切愛意解，是爲通聖意。

567 眾施經施勝，眾味道味勝，眾樂法樂勝，愛盡勝眾苦。

568 愚以貪自縛，不求度彼岸，貪爲敗處故，害人亦自害。

569 愛欲意爲田，淫怨癡爲種，故施度世者，得福無有量。

570 伴少而貨多，商人怵惕懼，嗜欲賊害命，故慧不貪欲。

571 心可則爲欲，何必獨五欲，違可絕五欲，是乃爲勇士。

572 無欲無有畏，恬惔無憂患，欲除使結解，是爲長出淵。

573 欲我知汝本，意以思想生，我不思想汝，則汝而不有。

574 伐樹忽休，樹生諸惡，斷樹盡株，比丘滅度。

575 夫不伐樹，少多餘親，心繫於此，如犢求母。

大正新脩大藏經（Taisho Tripitaka）第四冊 No. 213《法集要頌經》（Udanavarga）

西天中印度惹爛馱囉國密林寺三藏明教大師賜紫沙門臣天息災奉　詔譯

愛欲品第二

慾我知汝根，意以思想生，我不思惟汝，則汝慾不有。

因慾生煩惱，因慾生怖畏，離慾得解脫，無怖無煩惱。

從愛生煩惱，從愛生怖畏，離愛得解脫，無怖無煩惱。

果先甜後苦，愛慾亦如斯，後受地獄苦，燒煮無數劫。

愚迷貪愛慾，戀著於妻子，爲愛染纏縛，堅固難出離。
賢聖示愛慾，莊嚴諸眷屬，遠離於妻子，堅固能利益。
貪欲難解脫，離欲眞出家，不貪受快樂，智者無所欲。
世間貪欲人，種種非思惟，若能調伏者，是名眞離欲。
若人恆貪欲，處縛難解脫，唯慧能分別，煩惱斷不生。
正念常興起，寂靜欲易除，自制以法戒，不犯善增長。
常行貪欲人，愚者共狎習，念定不放逸，次第獲無漏。
刹那修止觀，能離諸罪垢，我慢自消除，解脫獲安樂。
若人不斷欲，如皮入火燒，刹那見燋壞，受罪無央數。

苾芻愼欲樂，放逸多憂愁，若離於愛欲，正念受快樂。
無厭有何足，不足何有樂，無樂有何憂，有愛有何樂。
寂靜智慧足，能長無漏道，貪愛若不足，非法受中夭。
見色心迷惑，不惟觀無常，愚以爲美善，安知其非眞？
愚以貪自縛，不求度彼岸，貪財爲愛欲，害人亦自縛。
世容眾妙欲，此欲最味少，若比天上樂，迦哩灑跛拏。
眾山盡爲金，猶如鐵圍山，此猶無厭足，正覺盡能知。
世間苦果報，皆因於貪欲，智者善調伏，應依此中學。

南傳大藏經（Taisho Tripitaka）經藏（Suttapitaka）小部第五經（Khuddakanikaya）《南傳法句經》（Dhammapada）

法增比丘譯

愛欲品第廿四

334

放逸者縱欲，增長如蔓藤，
此生他處生，如猿覓林果。

335
人於此世間，頑劣欲纏縛，
諸憂苦增長，如毗羅（Birana 毗羅草）得雨。

336
人於此世間，頑劣欲調服，
諸憂苦易除，如蓮葉落露。（**335，336**兩偈合誦）

337
我今爲眾說，掘除愛欲根，
如掘毗羅草，求取香甜根，
勿爲魔屢害，如洪淹蘆葦。

338
伐樹不斷根，雖斬猶再生，
祛欲不除根，苦楚猶再生。

339
人貪著欲樂，三十六愛流（欲愛、有愛、非有愛分為六根與六塵各十二），
心思為欲染，愛潮蕩癡人（邪見人）。

340
愛欲隨處流，蔓草芽（六根）盛長（六塵），
見諸蔓草生，以慧斷其根。

341
快樂是無常，境生慾水長，
人迷逐欲樂，唯得受生死。

342
爲愛欲所使，驚兔網中馳，
煩惱（貪、瞋、癡、慢、邪見）緊束縛，長受輪迴苦。

343
爲愛欲所使，驚兔網中馳，
比丘求愛盡（涅槃），應離於愛欲。（342，343兩偈合誦）

344
人若捨欲林，孤寂山林間（出家意），
復生愛欲心，轉馳向世間，
觀此鬆縛人，還俗復受縛。

345
鐵木與麻縛，智者言非堅，
貪戀妻兒財，是爲大堅縛。

346
智言此堅縛，鬆軟難解脫，
無著捨愛欲，斷棄求出離（出家）。

347
耽欲隨欲流，蜘蛛自織網，
斷縛無著者，解脫一切苦。

348
捨過、現、未來（三世的五蘊），而到達彼岸（涅槃），
解脫於一切，不再受生死。

349
邪念所困擾，熾然求欲樂，
貪欲倍增長，彼自作堅縛。

350
調服諸邪思，常住不淨觀，
正念滅貪愛，斷除魔束縛。

351
無畏達究竟，愛盡無貪欲，
拔除生有（三有：欲、色、無色；指輪迴）刺，此乃最後身。

352
離欲無貪者，通達法次第，
彼爲最後身，大智大丈夫。

353

我調御一切，我了知一切，
一切無染著，一切已出離，
愛盡得解脫，自悟誰為師？

354

法施勝眾施，法味勝眾味，
法喜勝眾樂，愛盡滅眾苦。

355

財富毀愚者，不毀求寂者（求到彼岸），
愚者為財富，自害亦害他。

356
雜草毀田地，愛欲毀世人，
供養無欲者，能得大果報。

357
雜草毀田地，瞋恚毀世人，
供養無瞋者，能得大果報。

358
雜草毀田地，愚癡毀世人，
供養無癡者，能得大果報。

359

雜草毀田地，貪愛毀世人，

供養無貪者，能得大果報。

（356，357，358，359四偈合誦）

梅村簡介

梅村位於法國西南部，是一行禪師於一九八二年創立的修習中心。其後，禪師亦在美國、德國及亞洲等地設立禪修中心，歡迎個人或家庭來參加一天或更長時間的正念修習。如欲查詢或報名，請聯絡各中心：

Plum Village

13 Martineau
33580 Dieulivol
France
Tel: (33) 5 56 61 66 88
info@plumvillage.org

Deer Park Monastery

2499 Melru Lane
Escondido, CA 92026
USA
Tel: (1) 760 291-1003
deerpark@plumvillage.org
www.deerparkmonastery.org

Blue Cliff Monastery

3 Hotel Road
Pine Bush, NY 12566
USA
Tel: (1) 845 733-4959
www.bluecliffmonastery.org

European Institute of Applied Buddhism

Schaumburgweg 3,
D-51545 Waldbröl,
Germany
Tel: +49 (0) 2291 907 1373
www.eiab.eu

善知識系列　JB0093

愛對了：用正念滋養的親密關係，最長久

作　　者／一行禪師
譯　　者／雷叔雲
編　　輯／游璧如
業　　務／顏宏紋

總 編 輯／張嘉芳
出　　版／橡樹林文化
城邦文化事業股份有限公司
台北市民生東路二段 141 號 5 樓
電話：(02)25007696　傳眞：(02)25001951
發　　行／英屬蓋曼群島家庭傳媒股份有限公司城邦分公司
台北市民生東路二段 141 號 2 樓
書虫客服服務專線：(02)25007718；(02)25007719
24 小時傳眞專線：(02)25001990；(02)25001991
服務時間：週一至週五上午 09:30 ～ 12:00；下午 1:30 ～ 17:00
劃撥帳號：19863813；戶名：書虫股份有限公司
讀者服務信箱：service@readingclub.com.tw
城邦讀書花園網址：www.cite.com.tw
香港發行所／城邦（香港）出版集團有限公司
香港灣仔駱克道 193 號東超商業中心 1 樓
電話：(852)25086231　傳眞：(852)25789337
E-mail：hkcite@biznetvigator.com
馬新發行所／城邦（馬新）出版集團【Cité (M) Sdn.Bhd. (458372 U)】
41, Jalan Radin Anum, Bandar Baru Sri Petaling,
57000 Kuala Lumpur, Malaysia.
Tel: (603) 90578822
Fax:(603) 90576622
Email：cite@cite.com.my

版面構成／歐陽碧智
封面設計／周家瑤
印　　刷／韋懋實業有限公司

初版一刷／ 2014 年 1 月
初版三刷／ 2020 年 9 月
ISBN ／ 978-986-6409-68-4
定價／ 260 元

城邦讀書花園
www.cite.com.tw

國家圖書館出版品預行編目（CIP）資料

愛對了：用正念滋養的親密關係，最長久 / 一行禪師 (Thich Nhat Hanh) 著；雷叔雲譯 . -- 初版 . -- 臺北市：橡樹林文化，城邦文化出版：家庭傳媒城邦分公司發行，2014.01
面；　公分 . --（善知識系列；JB0093）
譯自：Fidelity : how to create a loving relationship that lasts
ISBN 978-986-6409-68-4（平裝）

1. 佛教修持　2. 兩性關係

225.87　　102025451

104 台北市中山區民生東路二段 141 號 5 樓

城邦文化事業股份有限公司
橡樹林出版事業部 收

請沿虛線剪下對折裝訂寄回，謝謝！

|橡|樹|林|

書名：愛對了：用正念滋養的親密關係，最長久 書號：JB0093

橡樹林文化

讀者回函卡

感謝您對橡樹林出版社之支持，請將您的建議提供給我們參考與改進；請別忘了給我們一些鼓勵，我們會更加努力，出版好書與您結緣。

姓名：＿＿＿＿＿＿＿＿　□女　□男　　生日：西元＿＿＿＿＿＿年

Email：＿＿＿＿＿＿＿＿＿＿＿＿＿＿＿＿＿＿＿＿

● 您從何處知道此書？

□書店　□書訊　□書評　□報紙　□廣播　□網路　□廣告 DM

□親友介紹　□橡樹林電子報　□其他＿＿＿＿＿＿＿＿

● 您以何種方式購買本書？

□誠品書店　□誠品網路書店　□金石堂書店　□金石堂網路書店

□博客來網路書店　□其他＿＿＿＿＿＿＿＿

● 您希望我們未來出版哪一種主題的書？（可複選）

□佛法生活應用　□教理　□實修法門介紹　□大師開示　□大師傳記

□佛教圖解百科　□其他＿＿＿＿＿＿＿＿

● 您對本書的建議：

＿＿＿＿＿＿＿＿＿＿＿＿＿＿＿＿＿＿＿＿＿＿＿＿

＿＿＿＿＿＿＿＿＿＿＿＿＿＿＿＿＿＿＿＿＿＿＿＿

＿＿＿＿＿＿＿＿＿＿＿＿＿＿＿＿＿＿＿＿＿＿＿＿

非常感謝您提供基本資料，基於行銷及客戶管理或其他合於營業登記項目或章程所定業務需要之目的，家庭傳媒集團（即英屬蓋曼群商家庭傳媒股份有限公司城邦分公司、城邦文化事業股份有限公司、書虫股份有限公司、墨刻出版股份有限公司、城邦原創股份有限公司）於本集團之營運期間及地區內，將不定期以 MAIL 訊息發送方式，利用您的個人資料於提供讀者產品相關之消費與活動訊息，如您有依照個資法第三條或其他需服務之務，得致電本公司客服。

我已經完全瞭解左述內容，並同意本人資料依上述範圍內使用。

＿＿＿＿＿＿＿＿＿＿＿＿（簽名）

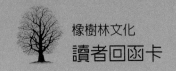